JN168476

現代ロシア政治入門

■第2版

横手慎二

慶應義塾大学出版会

はじめに

ロシア研究は何のためにあるのか。この問いは、第二次世界大戦までの日本人にとっては自明であった。十九世紀の末から、ロシアは日本の安全に脅威を与える存在として意識され、もっぱら軍事的理由から研究された（したがって研究の中心母体は陸軍参謀本部とそれに連なる機関であった）。

もちろん、トルストイやツルゲーネフなどロシアの作家の作品も同じ頃から翻訳されはじめ、関心を集めたが、それはロシア研究というより、あくまで人道主義的な文学として読まれたのである。日本におけるロシア研究が転機を迎えるのは一九一〇年代のことである。この頃から、共産主義思想に関心を持つ者による社会主義（共産主義）を知るためのロシア研究が新しく加わったのである。

軍事と社会主義という二つの問題は、一九四五年まではくっきりと区別されて研究されてきた。しかし、一九四五年以降には、両者は複雑に絡み合うことになった。日本が冷戦という構造の中に包み込まれたとき、ロシアを軍事的脅威と考える者と、そうではないと考える者が日本国内で対立することになったのである。後者の中には社会主義に希望を託すものが多く含まれていた。こうした思想的（イデオロギー的）対立を背景にして、戦後の日本のロシア研究がなされてきたのである。この結果、一九九一年にソ連が崩壊すると、ロシア研究はひじょうに混乱することになった。これまでの研究を支えた冷戦的構造も、またそれ以前の日本のロシアに対する二つの問題関心も、ともに消えてしまったからである（少なくとも、それ以前ほど多くの人びとの関心を惹く問題ではなくなったからである）。そこで改めて、なぜ日本人はロシアを勉強するのかという問いが突きつけられることになった。

本書で示している答えを簡単にいえば、欧米の政治をベースにしても、日本の政治をベースにしても、ロシアの政治は理解が難しいからだということになろう。この答えは、ロシアは日本の隣国で、日本の国際関係にとって無視できないからだという答えと結びついている。ロシアというと領土問題・国境画定問題を思い出すが、こうした問題を研究するだけで、ロシアの対外政策が理解できると考えてはならない。隣国の政治や社会を知ることは、平和に生きるための必要条件であろう。

しかし、なぜロシアを研究するのかという質問に対しては、そうした表向きの答えとは別に、ロシアという国が独特だからだという別の答えもある。モスクワの街を歩き回ると、すぐに実に多様な民族が行き交っていることがわかる。ヨーロッパ系の人、中東系と思われる人、アジア系の人、そうした人びとがすべてロシア語で語り、ロシアを母国としている。これと同じ現象は、おそらくアメリカを除けば、他にみられないであろう。また、ロシアの近代史は、第二次世界大戦での人的損失（逃亡者も含む）が二六〇〇万人から二七〇〇万人であったという事実に象徴的に示されるように、比類なく残酷である。戦争と革命、平等と自由、国家と個人といったテーマを抱えて現代史を学ぶ者にとって、ロシアは避けて通れないフィールドである。さらに、ユーラシア大陸の陸の大国としての重み、核兵器の保有、石油や天然ガス、その他の鉱物資源など、ロシアは地域研究が注目する問題の宝庫である。

本書は、この国のいまの政治を理解するために必要と考える事項を、できるだけ簡潔に述べることを課題としている。このために、こうした興味深い問題の一つひとつを説明することは断念している。多くの点で物足りないと思われるかもしれない。その場合には、巻末に付した文献紹介に従って、次の一冊を読んで欲しい。そうした研究書に至る道筋が示されていれば、本書執筆に際して課した課題は半ば済んだことになろう。なお本文は過去十年ほどの間、慶應義塾大学法学部政治学科で行なった「現代ロシア論」の講義用ノートを基にしている。多くの学生が授業後に、また期末テストの答案の中にコメントを残してくれた。こうしたコメントに励まされつつ本書をまとめたことを記しておきたい。

二〇〇五年三月

横手慎二

改訂増補によせて

本書を最初に出してから十年余りが過ぎた。この間にロシア国内で、またロシアをめぐる国際関係において、さまざまなことが起き、ロシアに対する関心はかつてよりも格段に高まっているようにみえる。そこで、本書の政治編と対外政策編にそれぞれ「プーチン時代の内政」、「プーチン時代の対外政策」という少し長めの新しい章を書き加え、最近までの状況をカバーすることにした。各章においても、現時点からみて適切でないと思われる部分を削除したり、書き直したりし、またその後、新たに判明した事実のうち、現在のロシアの政治を理解するために必要と判断される事柄を、最小限に絞って書き加えた。巻末の参考図書についても、出版事情を考え、一部を入れ替えた。

二〇一六年三月

横手慎二

歴史編

1　自然環境と国土

ロシアはユーラシア大陸の北東に位置し、国土の大半はほぼ北緯五〇度以北にある。このために夏は日が長く、北部では白夜となる。逆に冬は日照時間が極度に短く、国土の大半で冷凍庫に入ったような寒さに包まれる。夏も冷涼だと考えられがちだが、大陸性の気候でそれほど涼しくはない。たとえばモスクワだと三〇度を超える日がいく日も続く。年間の温度較差はきわめて大きく、春と秋は短い。モスクワだと四月半ばから五月初めにかけて新緑が芽吹き、若葉になって急速に青葉に変わる。そして九月の末には冷気が広がり、それまで緑に覆われていた木々が短期間に黄色に変色する。森が眩いほどの黄色に包まれるので「黄金の秋」と呼ばれる。

植生でいうと、国土の大半は森林地帯である。その中ではタイガと呼ばれる針葉樹林がもっとも多い。どこまでも続く森林がロシアの自然の特徴の一つである。森林地帯の北側にはツンドラ地帯があり、そこでは農耕はできない。逆に森林地帯の南側にはステップと呼ばれる草原地帯が東西に広がっている。モスクワは森林地帯にあり、キエフ（現在のウクライナ共和国の首都）は森林地帯とステップ地帯の境に位置する。

国土の大半を占める森林地帯の土は養分の少ないポドゾルと呼ばれる土壌に覆われているため、農耕には適さない。黒土と呼ばれる肥沃な土壌はステップ地帯に長く帯のように広がるが、ここは十六世紀まで遊牧民に支配されていた。パイプスというアメリカの歴史家は、最初、森林地帯に居住を定めたロシア人の祖先たちは、肥沃な農地を求める必要から南に移動し、外部勢力と衝突することになり、結果として、軍事的性格の強い国家を組織することになったと解釈している。

ロシア人の祖先たちが創った国家が早くから軍事的性格を帯びていたという事実は、自然条件について異なる見方をする歴史家によっても指摘されている。こうした歴史家は、ユーラシア大陸の北部が平坦で峻厳な山や急流がないことから、たびたび遊牧民の攻撃を受けたことを強調している。この地形を補って防御を固めるためには強力な国家が必要だったというのである。ここでいう遊牧民とは、九世紀頃から十一世紀にかけてステップ地帯で活躍したペチュネグ人やポロヴェツ人というチュルク語系遊牧民や、十三世紀から二世紀余りのあいだこの地域の国家を支配したモンゴル系遊牧民を指す。モンゴル系遊牧民の創った国家がキプチャク・ハン国である。

広大な森と平坦なステップとともに、ロシアの自然を語るとき欠かすことができないのが大きな河である。ロシアの河川は起伏の少ない土地を流れるために、概して流れが緩やかである。そのうえ支流が多く、古くから交通手段として利用されてきた。十九世紀の大歴史家クリュチェフスキー（一八四一－一九一一）は、ロシアの祖先たちの経済生活に河川が持った意味を明瞭に指摘している。彼によれば、モスクワの北西に広がるバルダイ丘陵に源泉を持ち、黒海に注ぐドニエプル川は、紀元前からギリシアとバルト海を結ぶ主要な商業路として機能しており、八世紀にその沿岸部に住み着いた東スラヴ人は、森林地帯で取れる毛皮、蜜蠟などをもってこの商業活動に参加するようになった。この過程で、川の沿岸部に貿易拠点としていくつかの商業都市（小国）が生まれ、それが九世紀後半にロシア最古の国家（キエフ・ルーシと呼ばれる）の創設につながったというのである。

クリュチェフスキー

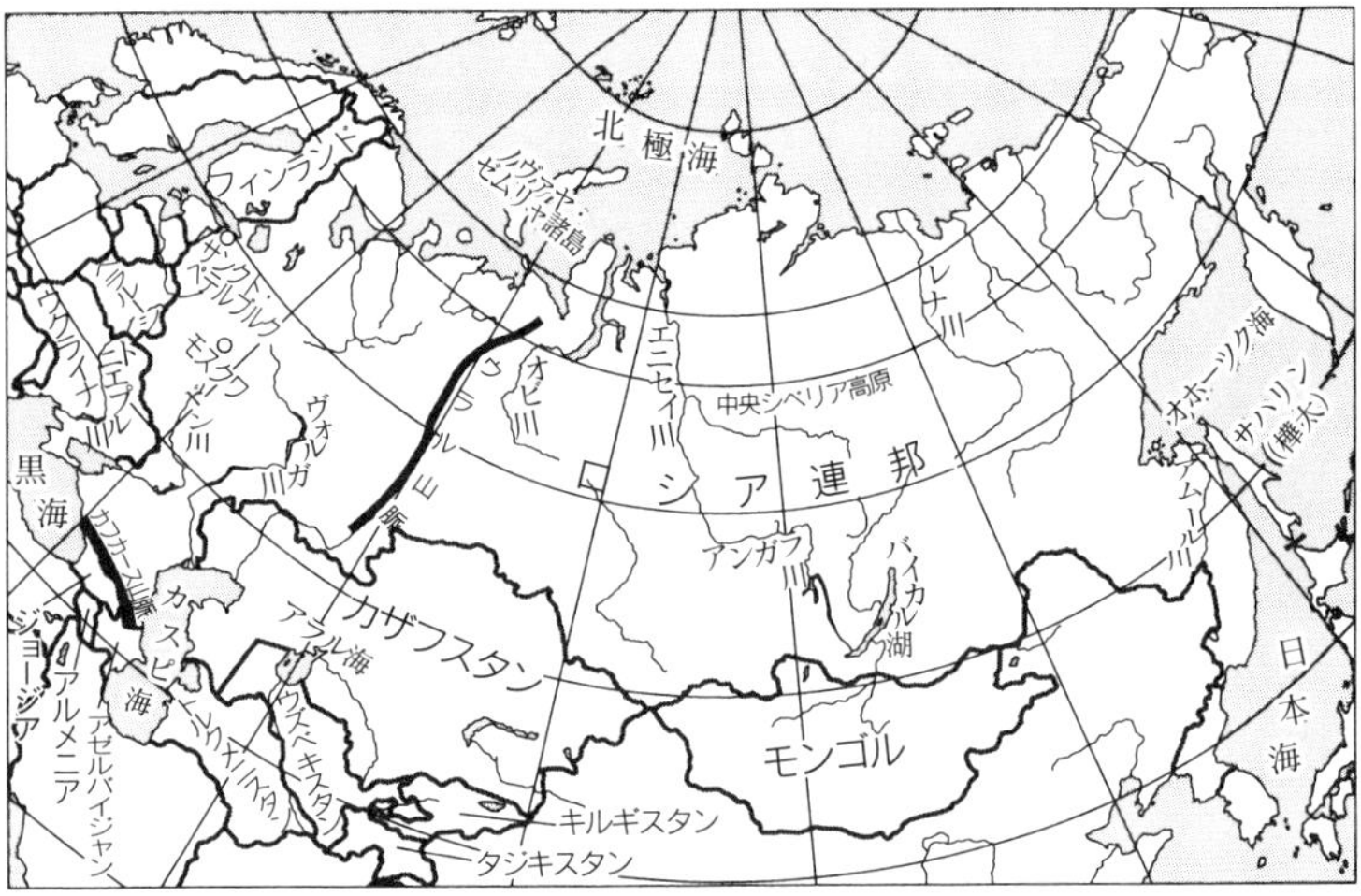

ロシアの地勢

クリュチェフスキーは、こうして成立した国家は外敵から商業路を守るために武装しており、その意味で、早くから軍事的な性格を帯びていたと書いている。

ロシアの広大な領土も、最初はドニエプル川付近に成立した国家に始まった。この小さな国家の東方への拡大は、南北によぎるいく筋もの大河によって可能となった。この観点からみるとき、ドニエプル川と同じくバルダイ丘陵に発し、東に婉曲してからカスピ海に注ぐヴォルガ川は特に重要である。この川の上流地域ではキエフ・ルーシに結びつく都市が早くから成立していた。しかし、その全流域にロシアの支配が及んだのは、十六世紀にイヴァン四世（雷帝、一五三〇－八四）が当時までこの川の流域を支配していたカザン・ハン国とアストラ・ハン国を征服してからであった（ロシアという名前は十五世紀に使われるようになり、十六世紀になって一般化した）。ヴォルガ川はその後、「父なるドニエプル」と対をなす「母なるヴォルガ」として、ロシア人の心象風景の中で大きな位置を占めてきた。

毛皮を求めたロシア人は、ヴォルガ川の獲得後、その東に横たわるウラル山脈を越えて大森林地帯のシベリアに入った。ウラル山脈は地理学的にはヨーロッパとアジアの境界をなす山脈であるが、最高点でも二〇〇〇メートルを超えることはなく、行く手を阻むことがなかった。ロシア人は十六世紀後半にシベリアから太平洋に向かって東進することによって、ヨーロッパとアジアを結ぶ大きな領土を持つ国家を形成した。その過程はゴールドラッシュによって西進し、大国家を築いたアメリカとよく似ている。国家的計画的というより、個々人の投機的欲望の結果として、領土の拡大が生じたのである。

ロシア人はやがて、拡大した国土に多大な天然資源が埋蔵されていることに気づいた。新たに獲得したウラル以東の地で、鉄鉱、石炭、金、ダイヤモンド、石油などが次々に発見されたのである。ほぼ自給自足の経済システムをつくったソ連時代には、特にこうした地下資源の開発が積極的に進められた。現在のロシアでは、社会主義時代の過去の遺産を利用して、資源の採掘と販売を主要業務とする企業が経済の基幹部門を占めている。

ロシアの自然のもう一つの特徴は、これだけ広い国土を有しながら、海洋との接触部分が限られていることである。海洋を利用した貨物の輸送は、造船技術の遅れていた時代には、港が凍りつく冬季になると使用できなくなった。このために、ロシアは十八世紀前半にバルト海への出口を確保し、その後も、黒海に出口を求めて繰り返し戦争を行なった。黒海沿岸に到達すると、次にダーダネルスとボスフォラスの両海峡を自由に航行する権利を求めて戦争をした。さらに十九世紀の後半には太平洋に出口を求め、指導者は外交的・軍事的努力を傾注した。ロシアという国はつねに不凍港を求めて南への膨張を図っているという説明がなされるのは、このような歴史を背景にしている。

現在のロシアは、一九九一年のバルト諸国やウクライナなどの独立によって、海洋との接触面をかなり失った。しかしそれでも、およそ一七〇〇万平方キロメートルの国土は依然として世界最大である。

2　宗教と民族

前節に述べたようなロシアの国土の拡大は、多様な宗教を持ついくつもの民族を内に含むことになった。しかし基本をなすのは東スラヴ人（現在ではロシア人、ウクライナ人、ベラルーシ人として区別される人びとの総称）であり、彼らが信奉したキリスト教であった。この点はロシアという国家の歴史的歩みと深く結びついている。先に言及したキエフ・ルーシの地にキリスト教が広がりはじめたのは九世紀のことである。その後、人びとはゆっくりとそれまでの自然信仰からキリスト信仰へと改宗していった。それは宗教と結びついた文化の移植を伴っていた。十世紀末に、キエフのウラジーミル公（?－一〇一五）がキリスト教の洗礼を受け、キリスト教を国教とした（「ルーシの洗礼」と呼ばれる）。キエフ・ルーシのキリスト教国教化とは、当時の支配者ウラジーミル公が東ローマ帝国の皇帝の妹アンナと結婚するという出来事と深く結びついた事件であった。ウラジーミル公は自己の支配を強化するために、キリスト教の権威を必要としたものと思われる。

ともあれ、この事件以降、それまで以上に住民の間にキリスト教が広まっていった。キリスト教徒であるという意識は、やがてモンゴル系遊牧民に支配されたときに、この地域の人びとが自分たちを一つのまとまりと意識する上でひじょうに大きな意味を持った。キリストや聖人を描く絵（イコンと呼ばれる）は彼らの心のよりどころとなったのである。

ところで、この地域に住む人びとが受容したキリスト教が東ローマ帝国に引き継がれていたギリシア正教であったことは、その後のロシアとヨーロッパの関係に決定的な意味を持った。コンスタンティノポリスに拠点を置くギリシア正教は、キリスト教という意味ではヨーロッパの大多数の人びとが信奉した宗教と同じであったが、ローマに拠点を置くキリスト教とは多くの点で異なっていた。たとえば教義の解釈が違うために、典礼や組織のあり方がそれぞれ独自のかたちで変化を遂げたのである。やがて十六世紀に、西ヨーロッパでは有名な「宗教改革」が起こって、カソリックとプロテスタントの分裂を生み出したが、それはロシアを含む東方のキリスト教世界には基本的に関係のない出来事であった。

先に触れたように、宗教の普及はそれに伴う文化の摂取を意味した。たとえば、ロシアの都市によくみられる聖堂は金色の丸屋根を持ち、ヨーロッパ西方の教会と相貌を異にする。ビザンツ文化の受容で特に重要なのは、キリル文字と呼ばれる独特の文字を導入したことである。この文字は東ローマ帝国の伝道師キリルとメトディスの兄弟によって考案され、スラヴ人の間に広められたもので、現在東スラヴ人以外の大半のヨーロッパの人びとが利用しているラテン文字とはアルファベットの数も形も異なっている。この独自の文字の利用によって、東スラヴ圏の人びとはビザンツ文化を広範に摂取するようになった。それは、ラテン文化圏（ヨーロッパ文化圏）とは異なる意識をこの地域の人びとの中に育んだのである。

このようにして形成されたロシアの精神世界は、一四五三年にオスマン帝国によって東ローマ帝国が滅ぼされると、一段と独自性を帯びるようになった。ギリシア正教から独立したロシア正教が確立され、ロシアこそ東ローマ帝国の歴史を継承する国家だという歴史認識が作り上げられていったのである。この点を強調したのが、モスクワこそがローマ帝国と東ローマ帝国という二つのローマ（聖なるローマ教会の支配）を継承する「第三のローマ」だという主張である。

以上とは別に宗教と政治の関わりで注目されるのは、ギリシア正教（ロシア正教）では政治権力と聖職者との関係が西方キリスト教と異なっていた点である。つまり、ヨーロッパのキリスト教世界と異なり、東ローマ帝国の皇帝は地上における神の代理人であり、神から委ねられた権力を行使して、その宗教を広める役割を担っていた。このような世俗権力と神との関係はスラヴ人の国家にも移植され、宗教と政治の関係を規定した。ここでは、ヨーロッパの中世にみられたような、政治的権威と宗教的権威が対立することはほとんどなかった。たしかに、正教会内にも何度か政治権力との間に緊張関係を生み出す聖職者が出現したが、こうした人びとは数の上では圧倒的に少数で、微力であった。逆に政治権力者は宗教世界の支えとみなされ、正教会は政治権力との共存を目指したのである。このことは社会主義政権の時代にもいえることで、正教徒はロシア革命後に政治権力によって迫害を受けたにもかかわらず、彼らの批判は組織的まとまりを作ることがなかった。逆に、第二次世界大戦が始まってソヴィエト権力がドイツ軍によって存亡の危機にさらされると、政治指導者は、国家と教会の伝統的関係を利用して正教会と和解する道を選び、外敵に対する協力関係を生み出した。

社会主義政権の崩壊後に成立した現在のロシアでは、時としてマスメディアがあたかもロシア人はすべて正教徒であるかのごとく報道することがあるが、実際にはロシアにはユダヤ教徒もいればイスラム教徒もいる。他の多宗教国家と同じように、ロシアでも民族問題や宗教問題は社会の底辺においてつねに緊張を生み出している。文化的対立が日常化しているわけではないが、ユダヤ教徒やイスラム教徒がロシアという国の政治的指導者になることはいまでも事実上不可能である（ソ連時代には、権力者は無神論者であったか、あるいはそう振る舞っていた）。

3　ツァーリ（皇帝）の支配

ロシアというと、一般に強権政治がしみついた国だと思われている。歴史的にみるとき、たしかにこの国では抑圧的な支配が続いたことは否定できない。しかし、この国にはそのような政治体制しか生じたことがないのだというと、それは誤りである。

キエフ・ルーシの支配は、リューリク王朝と呼ばれる集団によって支配された小国の連合国家でしかなかった。中央権力の力はもともと強くなく、内紛が絶えなかった。キエフの権力が弱まる十二世紀以降になると分裂状態がいっそう進み、各地にリューリク朝の血筋を引く人物を君主（クニャージ、公と訳す）として戴く小国家が分立した。そうした小国家の一つであるノヴゴロド（モスクワの五〇〇キロ余り北西にある都市）では、十二世紀から十五世紀まで、およそ三百年間にわたって共和制に近い政体が存在した。そこでは、市民はみずから政治的主体となって、市の政治を行なう行政官（市長）を貴族の中から選出した。さらには、それまでキエフから支配者として送り込まれていたリューリク朝の血縁者についても、自分たちでそうした血縁者の中から都合の良い人物を選び出し、契約を結んで公（クニャージ）として招くようになった。このようにして招かれた公はもっぱら市の防衛を担当し、日々の政治は市長に委ねられたのである。以上のように、君主の支配の下にあったとはいえ、実質的に君主は市民によって選ばれ契約によって地位を保っており、しかも行政官（市長）も市民によって選ばれていたのであるから、少なくともここには共和制的要素が濃厚に存在したのである。

このようなノヴゴロドの政治において重要な意味を持ったのは民会である。民会は鐘の音によって召集された。集まった人びとは、上に述べたような役職者の選出の他に、戦争と平和の決定や法律の採択も行なった。このために、十九世紀になるとロシアの改革派や革命家はノヴゴロドにロシアの民主主義の起源をみるようになった。「鐘」や「民会」という言葉は、彼らにとって民主主義のシンボルと考えられた。しかし実際にノヴゴロドの民会がどのような人びとによって構成されたのか、よくわかっていない。ある解釈によれば、それは市民が多数集うものであり、別の解釈によれば集まったのは貴族や富裕市民に限定されていた。もちろん、後者であったとしても、専制君主が強権をふるう政治体制がそこになかったことは事実である。

しかし、こうしたノヴゴロドも一四七八年にイヴァン三世（一四四〇－一五〇五）が支配するモスクワ公国によって併合された。これより先、モスクワ公国はキプチャク・ハン国の支配を利用して急激に勢力を伸ばしていた。後者の支配はロシアでは「タタールのくびき」と呼ばれるが、実際の支配は、各地の公に臣従を誓わせ、貢税を支払わせるという間接的統治であった。モスクワの支配者はこうしたキプチャク・ハン国の支配を巧みに利用して自己の支配を少しずつ固め、十五世紀後半にその支配から脱して、同時にロシア全土に自己の版図を拡大していったのである（「タタールのくびき」という言葉は、ロシア人にとってその時代が苦難の時代であったという意味を込めて使われてきた）。

キプチャク・ハン国と緊密な関係を維持したモスクワ公国は、ノヴゴロドと異なる政治体制を発展させていた。モスクワ公国でも貴族がかなりの影響力を持っていたが、それでも君主は貴族の上に君臨する存在とされていた。イヴァン三世がツァーリ（皇帝）という東ローマ帝国やキプチャク・ハン国の支配者にあたる称号を使うようになったのも、このことと無縁ではない。こうして、モスクワ公国によるロシアの統合は、ノヴゴロドにみられた共和政的な政治体制の発展を否定するものとなった。しかし、モスクワ公国の支配地域が拡大したからといって、すぐにロシアに完璧な専制君主体制が成立したと考えることもできない。

たとえばイヴァン三世の孫の雷帝の時代には、全国の貴族、聖職者、士族、大商人などを集めた全国会議（ゼムスキー・ソボールと呼ばれた）が召集された。ツァーリの命令で召集されたこと、構成メンバーが確定されなかったこと、さらに開催が不定期であったことなど、この会議にはツァーリ権力を制限する力が乏しかったことは事実である。しかしちょうどリューリク朝が雷帝の子フョードル帝の死をもって一五九八年に断絶したという事情もあって、混乱からロマノフ朝の成立（一六一三）を経て同朝が確立する十七世紀半ばまで、同会議はツァーリ選出や重要案件の審議などで大きな役割を果たしたのである。後の時代からみると、ここには貴族と聖職者がツァーリに対抗する政治的地位を確保する可能性が存在していたようにみえる。

おそらく、右に述べた正教会の政治権力との結びつき、長い戦争とそれに伴う社会的混乱などが影響して、そうした発展の道が閉ざされたのである。この後もロシアでは後継者が指名されていなかったり、幼少であったりしたときに、有力貴族が一定の政治的影響力を発揮したけれども、もはやツァーリの権力を制限する機関も、ツァーリから自立して緊張関係を生み出すほどの影響力を発揮する貴族や宗教勢力などの身分も出現しなかった。このことは、ロシアでは政治権力とはツァーリ個人の権力以外のなにものでもなく、あらゆる政治制度がこの絶対的支配者の人格に依拠するような政治体制が基本的構造として据えられたことを意味する。この点はロシアの以降の変化を考えるとき、ひじょうに大きな意味を持つ。

4 被支配者としてのナロード（民衆）

ロシアの政治的伝統を考えるとき、権力の側ばかりではなく、被支配者の側に蓄積された政治的態度や伝統もみておく必要がある。ここで特に重要なのは農奴制である。実は農奴制も、十五世紀後半から十七世紀半ばにかけての混乱期に成立したものである。十五世紀まで原則的に自由に移動できた農民は、世紀後半からの社会的混乱に直面すると領地から逃げ出すようになった。国土の拡大で、そうした逃亡が容易になっていたのである。ツァーリを支えて軍務を担った貴族・士族層は、これをそのまま放置すると軍務が不可能になることから、ツァーリに農民の逃亡を禁止する措置を求めた（別に、貴族経営の拡大が、農民の移動禁止措置を生み出したとする説もある）。基本的にこうした措置の結果として農奴制が成立した。

以上のような成立事情からうかがわれるように、農奴は国家の側からはなに一つ保護を受けることがなかった。一般的にロシアに古くから存在する奴隷身分は、国家によって課税されることがなかったとされている。これに対して農奴には移動の自由がないうえに、国家に税を納めねばならなかった。しかも彼らは、みずからが耕す土地の領主に対して賦役か貢租をしなければならなかった。こうして彼らは経済的にはもちろん人格的にもなんの権利も持たず、領主の支配に隷従を強いられたのである。

ロシア社会の問題は、こうした身分に置かれた者が全人口の中でかなりの割合を占めていたことである。定義の仕方によって多少の違いはあるが、目安となるのは以下のような数字である。すなわち、十六世紀の末から農奴解放令が出される一八六一年までは農民の約半数が農奴で、母体となる農民はロシアの人口の九割以上を占めていた。しかし彼らは全国にかなり不均質に分布していた。解放令前の時点ではスモレンスク、トゥーラ、モギリョフ、カルーガなど首都に近い諸県では県の人口の六〇％以上が農奴であり、これに対して、比較的遅くにロシアに編入されたオレンブルクやサマーラなどの県では農奴は全人口の二〇％以下であったとされている。

農奴の生活は具体的にどのようなものであったのだろうか。ラディーシチェフ（一七四九－一八〇二）という社会思想家は、一七九〇年に公刊した『ペテルブルグからモスクワへの旅』の中で、真夏の日曜日に一所懸命に農地を耕す男（農奴）との会話を記録している。三人の息子と三人の娘を持つこの男は、一週間に六日、領主の農地で働き、ちょうど出会った日曜日に自分の家族のために土地を耕していた。

ラディーシチェフは「日曜日だけしかひまがないとしたら、どうやってパンをあてがうことができるのだね」と尋ねた。すると男は「日曜日だけでなく、夜もわしらがもんでさ。わしら仲間はなまけなけりゃ、うえて死ぬこともありますめえ。ほれ、馬が一頭休んでるでしょう、これがくたびれたら、あっちを引っぱってきやす、うまくしたもんでさ」と答えた。そこで、主人のためにも同じように働くのか、とさらに尋ねると、男は強く否定して、「そんなことしちゃばちが当りますだ。あそこじゃ口ひとつに、畑の手が百もあるだに、わしのとこじゃ七つ口に二本の手しかねえですわい、……賦役しごとで身をしまった所で、ありがとうを言われるでなし。ご主人は人頭税を払うこっちゃありますめえ」と答えた。（渋谷一郎訳、東洋経済新報社、一九五八年刊を利用した。）

ラディーシチェフは、こうした農民の窮状を含めて生活の事実を生々しく伝えたことから逮捕されて、十年のシベリア流刑に処された。

19世紀末の農民

もちろん、実際の農奴の生活は地域によって、また領主によって異なっていた。しかし全体としてみれば、それは右のような記述からうかがわれる状況と大差はなかったものと思われる。つまるところ、ロシア社会は、厳しい生活を余儀なくされていた多数の農奴・農民と、彼らの労働の成果を利用して優雅に暮らす上層階級に二分されており、その落差はヨーロッパから訪れた人びとを驚かせるほどであった。

この状況は当初は経済的発展をさして阻害するものではなかったが、次第にロシアの国際的地位に影響を与えた。その事実は、ヨーロッパの先進国との戦いとなったクリミア戦争（一八五三－五六）の敗北によって如実に示された。同時に農奴制は、その非人間性から社会に緊張を生み出し続けた。そこでツァーリ政府は戦後に農奴解放令を出したのである。しかし、解放令が出されたといっても、それですぐに農民層の生活が改善されることはなかった。それはさまざまな理由から、解放が不徹底に終わったからである。この法令によって農奴は人格的に自由になったが、生活していくために必要な土地を獲得するためには、領主に多額の支払いをしなければならなかった。政府が領主の土地を買い戻す資金を貸し与え、それを四十九年間の年賦で農民が返却することになっていたからである。しかもそうして買い戻された土地にしても、そのまま個人のものとはならず、農村共同体に帰属することになっていた。わずかな土地を受け取った農民は、地主の土地を借り増して生活せざるをえず、その借料を返済するためには以前と同じように地主の土地を耕作しなければならなかった。このように、解放令の内容は多くの農民の期待を裏切るものであった。それは社会問題を解決するどころか、社会にさらなる改革をめぐる緊張を生み出したのである。

多数の人びとが長いあいだにわたって不平等なばかりか極度に貧しい状態に置かれたことから、社会矛盾に敏感な人びとの中に、体制全体の変革を求める運動が起こった。こうした運動として特に有名なのが、一八七〇年代のヴ・ナロード（ロシア語で「民衆の中へ」という意味）運動である。これは、学生たちが職人などに身をやつして、都市や農村の一般民衆が住む地域に入り、彼らを救済しようとした社会運動である。参加した学生の善意にもかかわらず、農民は不信感をもって応対したために運動は発展することがなかった。下層の人びとは長い忍従生活で、少しでも危険とみえる物事を避ける態度を身につけていた。深く身体の中にしみ込んだ生活態度は、このような運動ですぐに氷解するほど生やさしいものではなかったのである。一般の人びとの政治に対する不信感や受動的態度と、社会上層やインテリの持つ政治姿勢の間には深い溝ができていた。この点は、後にロシアの政治体制が大きく変化しても、なかなか消え去ることがなかった。

5 近代化

ロシアには、サンクト・ペテルブルクとモスクワという二つの大都市があるが、旅行客として二都市を訪れると、すぐに街の景観が異なることに気づく。モスクワはクレムリンを中心に放射状に道路が整備されているとはいえ、古い街を次々に引き延ばしていった跡をとどめている。他方のサンクト・ペテルブルクは、中心にネフスキー大通りが走り、そのネヴァ川に届く地点に旧海軍省とエルミタージュ（冬宮）がそびえる。運河と道がネフスキー大通りと交差して作るシンメトリーは、街に整然とした印象を与えている。これは、ピョートル大帝（一六七二－一七二五）がアムステルダムを模倣して建設した人工の都市だからである。

広大な都市の建設は政治権力の強大さを象徴する。ロシアはピョートルの時代に北欧の強国スウェーデンと長期にわたる北方戦争（一七〇〇－二一）を行なって勝利を収め、ヨーロッパ列強の一角として躍り出た。そこで次のような問題が生じる。ピョートル以降のロシアにおいて、専制と農奴制という非近代的な制度と、ヨーロッパ的都市と強大な軍隊という近代的様相はどのように組み合わさっていたのか。

支配者が庶民に過酷な税を課し、絞り取った金で表面だけヨーロッパ諸国を模倣した国家を創造したのだというのは一つの回答である。しかしどれほどロシアの人的資源や鉱物資源が豊富だとしても、数世紀にわたってヨーロッパ列強に伍する軍事力を保持し続けることはできない。そのためには、確実に税を徴収し、多数の兵を訓練し、武器や装備を生産する工場を組織し、将校や技術者を養成し、それら全体の作業を管理するための行政機関がなければならない。一言でいえば、行政・軍事機構を整備し、それを合理的に運営しなければならない。したがって右の問題は、専制国家はどのようにして、非近代的な環境の中でこうした合理的姿勢を持つ人びとを育成したのかという論点を含むことになるのである。

ロシアは先進的なヨーロッパ諸国のすぐ隣に位置していたので、こうした機構を真似ることは容易であった。しかし機構を移植することと、それを長期にわたって機能させることはまったく別の事柄である。ヨーロッパ諸国に追いつくという課題にもっとも真剣に取り組んだのがピョートル（大帝）であった。彼はみずからヨーロッパ諸国を歴訪し、貪欲に生産技術や行政制度や社会制度を吸収した。各種の機構を運営できる人材を貴族の子弟から育成するために、海軍兵学校や算術学校などの実践的な学校を創設し、そこで学ぶことを強制した。それは戦争を行なうために必要だったのである。彼は戦費を賄うために、さまざまな臨時税を導入した。そして治世の晩年には、新設の機構を機能させるための安定的な財源として、すべての臣民に人頭税を課した。つまり、ピョートルは外国と戦争を行なうことができる国家を創り出すために、抵抗をものともせずにそれまでの社会を根底から編成し直そうとしたのである。

ピョートル大帝

このような国家権力の側からの改革は、大きな成果を上げたが、同時に深刻な問題を生み出すことになる。何よりも、国家権力と社会の関係で圧倒的に前者を強化したのである。たとえばピョートルは中央官庁を整備し、十一の参議会を設

18世紀初頭のサンクトペテルブルク
F. G. ヴヌーコフの版画，1753年

置したとき、鉱業、工業、商業と、直接産業に関わる参議会を三つもつくった。これは彼が国家による産業の直接的な統制を目指したからであった。この事実を少し誇張していえば、社会の中で産業が個々人の創意で生まれ、確立する前に、国家的観点から産業を育成し、さらに統制する制度が創出されたことを意味する。

国家は最初から多方面にわたって機能するものとなり、機能を支える多額の資金を必要とした。ピョートルの臨時税は、じきに平時でも徴税される通常の税になった。農奴制という非近代的制度も、国家に安定的に兵隊を供給し、税収入をもたらすシステムとして評価されて、命運を保ち続けたのである。

ピョートルの合理主義を支えていたのは、ヨーロッパ列強に伍する強力な国家の建設という目標であったので、彼はすべての臣民に国家への奉仕を義務づけた。そして家柄や出自ではなく、国家に対する功労と年功に基づいて昇進させる制度を制定した。この点を明瞭に示したのが、武官であれ文官であれ、官吏の地位をそれぞれ十四の等級に定めた官等表である。これによって、貴族の出自でない者も貴族の身分を得ることができるようになった。ピョートルの時代にはまだ名門の世襲貴族が上層ポストを独占していたが、結果として、十九世紀には官等表を順に昇り詰めた官僚貴族がそこに就くようになった。それは優秀な人材を国家に結びつけ、国家権力をますます強固にし、貴族層の自立性を弱めたのである。

しかし、ピョートルの改革はあまりに軍事優先であったためか、あるいはロシア経済の固有条件や国際環境などの要因が働いたためか、同時期の欧州諸国や日本でみられたような持続的経済成長を生み出さなかった。結局、ロシアではクリミアの敗戦を経た一八七〇年代から、ようやく本格的な工業化が始まったのである。この時は農奴制が廃止され、ピョートルの時代にネックであった労働力の供給が可能となった。また西欧諸国からの資金の借り受けも容易になっていた。指導者は鉄道建設などに優先的に投資し、工業化を促した。

こうした努力の結果、ロシア経済は十九世紀末から第一次世界大戦までに急激に成長した。ロシアの鉄鋼業は一九〇〇年には世界第四位の生産量を上げた。鉄道が急速に整備されていった。また、鉄鋼産業に並ぶ繊維産業でも、一九一三年までに紡錘の数で世界四位になったことが示すように、大きな発展がみられた。その意味では、今度こそ経済は持続的成長軌道に乗ったのであり、第一次世界大戦さえなければ、ロシアの経済は西欧諸国並みになったはずだという解釈が出されたのも理由のないことではない。しかし、この発展がごく限定されたものであった事実を無視するわけにはいかない。たとえば工場労働者の数は、一九一三年においても二四六万人余りで、人口の二％以下であった。都市化も進んでおらず、国土の中で経済が比較的発展したヨーロッパ部においてすら都市住民は同地域全住民の一六％以下であったと推定されている。国家レベルの近代化は、社会レベルの非近代的制度を残すかたちで、しかもその多くを利用するかたちで進行したのである。

6 革命

長いあいだ、ロシアというとロシア革命が想起されてきた。一九一七年のロシア革命は、二十世紀という時代を象徴する世界史的事件として理解されてきたのである。しかし研究が進むにつれて、革命を引き起こした要因が多様なものであることが明らかになり、同時にロシア特有の要因が強調されるようになった。つまり、人類の歴史は一定の段階を経て進むものだとして、ロシア革命は世界史における社会主義段階の到来（資本主義段階の終末）を示す事件だとするような解釈が誰にも支持されなくなった。代わりに、革命を生み出した時代とロシア特有の条件や当時の状況が解明され、そうした条件や状況の結合によって、「社会主義国」と自称するひじょうに特異な政治体制が成立したと解釈されるようになった（もちろん「社会主義」をどう定義するかで、自称にも他称にもなる）。

ロシアに大規模な革命が勃発した要因の一つとして、多くの研究者は戦争を挙げている。近代の戦争は国民の大多数を巻き込むために、社会に強烈な衝撃を与える。特に負けた戦争は政治指導者の権威を失墜させ、それまでの政治体制を根本的に改めようとする動きを引き起こす。ロシアの場合には、このような事態が何度か起こった。クリミア戦争で敗けた時は、政治指導者は大規模な改革を行なうことで衝撃を吸収した。二十世紀初頭の日露戦争の際にも体制を批判する動きが広がったために、政治指導者はさまざまな譲歩を行なった。一九〇五年にニコライ二世（一八六八－一九一八）が発した十月詔書は特に有名である。ここでツァーリは、人格の不可侵や、良心・言論・集会・結社の自由を国民に与えると宣言した。また国民の多くに選挙権を与えて、立法機関を設置すると約束した。翌年、憲法が公布され、国会（ドゥーマ）が開会した。ただし選挙は国民が直接に国会議員を選ぶものではなく、しかも甚だしく不平等であった。

一九一四年に始まった第一次世界大戦は日露戦争の記憶が消えないうちに、しかもそれ以上に多くの人びとを巻き込んだので、戦場からのロシア軍敗北の報せは体制を揺るがせた。上述のごとく日露戦争後に生み出された立憲君主体制は、まだこうした国民の不満や怒りに対応できるほど社会の中に根づいていなかった。

一九一七年の三月（ロシアでは一九一八年までユリウス暦を使用していたので二月）に、首都ペトログラード（現在のサンクト・ペテルブルク）で始まったストライキとデモは急速に拡大した。首都を守る兵士がデモ隊を支持したことで、ロマノフ王朝はあっけなく瓦解した。問題は誰が次の政治的指導者になるかであった。権力を誰が担うにしろ、国民の信頼を取り戻し、いったん崩れた社会秩序を立て直し、さらに人びとに戦争を継続させることは極度に困難な課題であった。

権力機関として国会臨時委員会が組織され、そこから公爵リヴォフ（一八六一－一九二五）を首班とする臨時政府が生み出されたが、首都の労働者や兵士はそれを自分たちの代表機関と受けとめなかった。むしろ、革命の中で労働者と兵士の代表機関として生み出されたソヴィエト（評議会）こそ、自分たちの代表機関だとみなしたのである。ソヴィエトは一九〇五年の革命的高揚の中で労働者の運動を指導する機関として生み出されたもので、一九一七年に革命が始まるとともにインテリ活動家によって再生されたのである。結局、憲法制定会議によって新政府が設立されるまでと期限を区切って、権力を臨時政府に委ね、その行動をペトログラード労働者・兵士代表ソヴィエトが監視するという二重権力状態が出現した。このような不安定な状態では、治安を確保する

1917年当時のモスクワ、子供の描いた革命の姿
（左）ボリシェヴィキの乗ったトラック、（右）装甲車

ことも戦争を継続することも難しかった。たちまち臨時政府は、状況の安定化を求める勢力といっそうの変革を求める勢力との対立の中で身動きが取れなくなった。

破局的状況が進行する中で、もっとも果断な解決策を主張したのがレーニン（一八七〇－一九二四）の率いるボリシェヴィキ党（正式にはロシア社会民主労働党ボリシェヴィキ、後のソ連共産党）であった。彼らは臨時政府を倒し、ソヴィエトの権力を樹立すれば、平和と土地とパンを民衆に与えることができると主張したのである。レーニンは、ロシアにおけるソヴィエト政権の樹立はヨーロッパにおける社会主義革命につながり、現在の問題はすべて解決されると主張した。ヨーロッパに社会主義国が成立すれば、戦争は簡単に止めることができるというのである。彼はまた、戦時に出現した国民経済の統一的で合理的な運営は、国家が経済を管理する社会主義の時代が到来したことを示すものだと考えた。国民の多くはこうした議論を理解できなかったが、深刻化する状況の中で反対する理由も見出さなかった。このような中で、十一月七日（ユリウス暦では十月二十五日）にボリシェヴィキ党の影響下にあったペトログラード労働者・兵士代表ソヴィエトの軍事革命委員会が、武力で臨時政府を打倒した。臨時政府の側からの抵抗はほんのわずかしかなく、すぐに蜂起した側が主導権を掌握した。

同日夜に開かれた全ロシア・ソヴィエト大会にこの事実が伝えられると、多数の議員が抗議して退場した。しかし残った議員はソヴィエト権力の樹立を宣言した。そして多数決でレーニンを首班とする政権を承認した。これは憲法制定会議によって新政権が決定されるまでの臨時のものとされた。しかし、その後に行なわれた憲法制定会議の選挙は、レーニンの党が全国規模で有権者の四分の一の支持しか得ていないことを示した。レーニンはこの結果を尊重せず、自分たちの政権こそが革命を推し進めることができると考え、一九一八年初頭に憲法制定会議を一日だけ開いて解散させた。この後、三月にレーニン政権がブレスト・リトフスクでドイツなど中欧諸国との間に講和条約を締結すると、国内の政治的対立は急速に武力的対立へと移っていった。反対派からすれば、結局レーニンが説いていたヨーロッパの革命は起こらず、ロシアが獲得した平和は中欧諸国の一方的要求を丸ごと受け容れた「屈辱的なもの」だったのである。

このように、最初からレーニンの政権は国民の多数の支持に基づくものではなかった。しかし彼は、社会主義社会の創出のためには労働者の真の利害を代表している共産党が権力を保持する必要があると考えた。そして新政権の性格からして、外国の資本家や国内の旧支配勢力によって目の敵にされるので、こうした敵対的反革命勢力の動きに対抗する反革命・サボタージュ取り締まり委員会が必要だと考えた。この委員会は、やがてGPU（ゲー・ペー・ウー、国家政治保安部）等々と改称され、第二次世界大戦後にはKGB（国家保安委員会）と呼ばれる政治警察となった。

ロシア革命は一方で人びとに「能力に応じて働き、必要に応じて分配する」状態、つまり共産主義社会が来るという希望を生み出したが、他方では、大多数の人びとに、貧しく、しかも以前よりもはるかに国家機関によって管理される生活をもたらしたのである。

7 スターリン時代

レーニンと彼の支持者は、世界中の人びとに今や労働者や農民の政権が創れるはずだ、そして創らねばならないというメッセージを伝えた。それは世界の人びとを驚かせた。一九一九年にはモスクワに、共産主義思想（イデオロギー）を広め、革命を指導する組織としてコミンテルン（共産主義インターナショナル）が結成された。

しかしそれでは、ロシアは本当に人びとが平等に暮らす国になったのであろうか。政治的権利でいえば、それはきわめて不平等な社会であった。最初から地主や金持ち層には選挙権は与えられなかった。彼らは成立した政権の敵とみなされたのである。さらに、革命の際に労働者や兵士が自分たちの代表を送ったソヴィエトは、一九一八年のうちにかたちばかりの代表機関になった。それは、内乱と外国軍の干渉によって実質的に選挙が不可能になったからではなかった。そうした非常事態が収まった一九二一年以降も、ソヴィエトの選挙は、共産党が選んだ人物を選挙民が承認する儀式を意味したのである。政治的決定は共産党、それもその上層によって秘密のうちになされた。事態を伝える新聞はすべて国家の管理下に置かれたので、国民は必要な情報もわずかしか得られなかった。

共産党の中にもこうした事態に失望し、批判を口にする者がいた。だが、もともと国民の多数に支持されていない共産党の政治を批判すれば、敵対する勢力を利するだけだという状況認識が働いて、そうした批判は広がらなかった（もちろん政治警察が怖かったせいでもある）。一九二一年には正式に党内の分派活動が禁止された。

しかも、もともと革命家の集団であった共産党は、革命の成功後には支配者の集団となり、党員になれば出世できると考える大勢順応型の人びとが入党を希望する団体となった。党員数は一九一七年の二万四〇〇〇人から一九二一年には七三万三〇〇〇人になり、すぐに党員と党員候補を合わせて一〇〇万人を超えるようになった。ちなみに党員になるには党歴の古い党員の推薦を受ける必要があり、学校や職場のいわゆる「優等生」が入党しやすかった。

共産党の上層部はこれらの党員をソヴィエト（地域レベルから国家レベルまでの議会となった）や、官庁、軍、マスコミなど、政治的影響力のある職務に就けることで国家を管理した。こうした職務は全国レベル、地方レベルと順に区分され、それぞれのレベルの職名リストが作られた。共産党の各レベルの指導者は、こうしたリストにある職務に自己の支配下の党員を任命する人事権を行使して、管轄領域を支配した。このリストをノメンクラトゥーラというが、この言葉はやがてリストに記載されるような職務に就く人びと、つまり特権的な人びとをも指すようになった。

スターリン

スターリン（一八七九－一九五三）は一九一七年の時点では中央の指導者の中では目立たない存在でしかなかったが、一九二二年にはこのような人事権を握る要職（共産党中央委員会書記長）に就き、次第に党内の権力基盤を固めてレーニンの後継者になった。

もちろん人事権だけで権力を獲得することはできない。スターリンは一九二四年に、ヨーロッパに革命が起きなくても、ロシア一国で社会主義社会を建設することができるという一国社会主義論を提示した。それによって、後進国のロシアだけでは社会主義の建設は不可能だというこれまでの通念を覆したのである。

しかし何よりもスターリンをスターリンたらしめたのは、一九二〇年代末に強行された農業集団化と五カ年計画であった。党内では一般に、ロシアと資本主義国との敵対的な関係を考えると、できるだけ早く重工業を発達させる必要があると認識されていた。また、計画経済こそ社会主義の基本的特徴だとみなされていた。そこでまず、農村から穀物を安価にかつ安定的に、都市に（つまり工業のために）供給することが必要とされ、そのために農民を集団農場に組織するという方法が考え出された。そのうえで、五年という年限を区切って経済の発展計画を作り、それに基づいて急激に工業を育成する策が強行された。一九三一年にスターリンが述べた次のような言葉は、以上のごとき社会主義とロシアの課題との関係をひじょうによく示している。

「旧ロシアの歴史の一面は、ロシアが立ちおくれのために、たえずうちまかされていたことにある。蒙古の汗に打ちまかされた。トルコの豪族にうちまかされた。……以上すべての者は、ロシアが立ちおくれていたので、ロシアをうちまかしたのである。すなわち、軍事上の立ちおくれ、文化上の立ちおくれ、国政上の立ちおくれ、工業上の立ちおくれ、農業上の立ちおくれのためである。……資本主義の狼の法則はこうである、――おまえはおくれて弱い――、つまり、おまえは正しくなく、――したがって、おまえをうちまかして、奴隷にしてさしつかえないのだ。おまえは強い、――つまりおまえは正しく、したがって、おまえを用心しなければならない、と。……われわれは先進諸国に五十年から百年立ちおくれている。われわれは、この距離を十年ではしりすぎなければならない。われわれがこれをなしとげるか、それともわれわれはおしつぶされるか、である。」(『スターリン全集』大月書店、第十三巻、一九八〇年所収の一九三一年二月の演説から抜粋。一般的にいうと、同全集の演説は最初の発表と異なることがあるが、ここではそのまま引用した。)

ここにスターリンは、社会主義とロシアのナショナリズムを結びつけ、当面の課題が何であるかを鮮明に示したのである。彼はここまで思いつめていたので、国民の中に多大な犠牲が出てもたじろぐことはなかった。実際、農民から彼らの土地や家畜を奪い取り、それらすべてを集団経営の管理下に置く政策は、猛烈な抵抗を引き起こした。農民の抵抗と天候の不順が重なって農業生産が大きく落ち込んだ一九三〇年代初頭には、南部地域で食糧が不足してひじょうに多くの餓死者を出した。

他方、五カ年計画による工業化にしても、死者こそ出さなかったが、国民には過酷なものであった。労働者は、住宅や衣類、日用品の慢性的な不足状態に苦しみながら、職場単位や工場単位で割りあてられた目標の生産に駆り立てられたのである。ここでも、不満や批判を口にする者は容赦なく逮捕され、強制収容所に送られた(もちろん、この苦痛をもって、未来社会を建設するための生みの苦しみと捉える人も中にはいた。しかしそれは少数であったろう)。

スターリンは、こうした政策を断固として遂行することで、強烈な意志と実行力を持つ人物であることを印象づけた。彼は、大規模な社会改造によって生じた社会的緊張の中から自分の敵が現れると考えた。国際関係が悪化した一九三〇年代後半に、スターリンはソ連を敵視する国家と、国内に現れる敵が提携するという不安を抱いた。そこで国内の潜在的ライヴァルを次々に逮捕し、その多くを処刑した。無実の人間を犯罪者に仕立て上げる過程で、多数の人びと(おそらく数十万人)が被害者となった。これを大テロル、もしくは大粛清と呼ぶ。スターリンの時代は、こうした苛烈な政策によって、急激に工業化が進んだ時代であった。第二次世界大戦におけるドイツとの死闘を考えれば、この時期に工業化を強行した政策は先見の明のあるものだったと評価できるかもしれない。しかし、そもそも彼の非人間的政策によってソ連という国家が混乱しているというイメージが生まれなければ、イギリスやフランスなど西側諸国との軍事的提携はもっと容易に実現し、ヒトラーの侵略は起こらなかったかもしれない。この点はソ連史の論点の一つである。

ともあれ、第二次世界大戦で、ヨーロッパ最強の軍隊であったドイツ軍を破ったソ連軍は、世界の人びとに強烈な印象を与えた。それはロシア革命の時代に生まれたロシアのイメージとまったく異なるものであった。ロシア社会で、革命時に唱えられた社会的経済的平等が実現されたかどうかはまだ判断できなかったが、社会主義の政治体制が短期間で工業化に成功し、強大な軍事国家を創り出したことは疑いようがなかった。この結果、発展途上国の指導者の中に、ソ連型の国造りを学びたいと考える人が出てきた。ソ連の強国化と社会主義モデルのソ連以外の国への広がりは、アメリカをはじめとする資本主義国に警戒心を生み出していった。ここに生じた心理的対立が戦後の冷戦につながっていった。

ところで、スターリンの時代には信じられないほど人命が軽視されたので、多くの研究者がその原因の所在を解明するために努力を積み重ねてきた。ある者は、ロシア史における専制的支配の伝統を強調した。別の者は、スターリンの病的なパーソナリティを重視した。また別の者は、一九二〇年代末からの異常なほど緊張した国際関係と革命後のロシア国内の不安定性に原因を求めた。さらに、社会主義思想（イデオロギー）が、国家権力を極度に肥大化させる傾向を持つ（言い換えると、社会勢力の国家権力に対する抵抗力を極度に弱める）ことを指摘し、そこに主な原因を求めた者もいる。この問題に対する回答は現在のロシア政治を考える視点に影響を与えており、依然として重要である。

8　フルシチョフとブレジネフ

一九五三年三月、スターリンが亡くなった。彼が遺したものはきわめて複雑であった。たしかにソ連は、彼の時代に東欧諸国や中国をジュニア・パートナーとする超大国になった。かつての農業国は今や重工業に偏した工業大国になり、しかも核兵器を擁していた。世界中の国がソ連の指導者の一挙手一投足を見守っていたといっても過言ではなかった。しかし、国内には問題が満ちていた。スターリン死後に党指導部に提出された文書によれば、監獄や強制労働収容所ではこの時、二五二万六四〇二人という膨大な数の人びとが呻吟していた。また、戦争で疲弊した農村は戦後になっても放置されたままであったので、毎年、何十万という人びとが復興の進む都市に脱出していた。しかも、労働力の中心をなす若者は定員五三九万六〇三八人という世界最大の軍隊に徴募され、次の戦争に備えていた。ちなみに、一九五九年一月に戦後初めて行なわれた国勢調査から逆算すると、この時点での総人口は約一億九千万人であった。

スターリンの後継者は、超大国の地位を維持しつつ、負の遺産を克服しようとした。次代の指導者を目指す者は争って立て直し策を示した。その結果、スターリンの晩年に仕組まれた政治的事件は停止され、収容所から多数の政治犯や不当に抑留されていた人びとが釈放された。百万人規模の軍の削減もなされた。こうして社会の緊張がゆっくりと解かれていった。この状態を人びとは「雪解け」と呼んだ。

幹部間の権力闘争で勝利したのはフルシチョフ（一八九四－一九七一）であった。彼は大テロルの時代からス

フルシチョフ（前列右）とブレジネフ（前列左）

ターリンの統治に矛盾を感じていたので、大胆に改革を進めようとした。彼のこのような姿勢は、一九五六年の二〇回党大会においてもっとも鮮明に示された。この時フルシチョフは大会代議員に秘密報告を行ない、スターリンは公式文書でいわれるような天才的な指導者などではなく、第二次世界大戦の初期にドイツ軍の侵攻を招く大失敗をし、しかも無実の党員を多数処刑するなど多くの誤りを犯した独裁者だったと弾劾した。

フルシチョフのスターリン批判はすぐに外部に漏れて、ソ連国内ばかりか、世界中で大反響を引き起こした。対立していた西側諸国ではソ連体制の改善が始まったと受けとめた。これに対してソ連国内での反応は、実に多様なものであった。ある者は大テロルで肉親を失っており、正義が回復される日が来たと喜んだ。別の者は、社会主義は資本主義よりも道徳的に高次元のものだと信じていたので、フルシチョフによる批判を聞いて当惑するばかりであった。反対に、スターリンの行為にはやむをえぬ理由があったと考え、フルシチョフの弾劾そのものが誤っていると受けとめた者もいた。

フルシチョフの立場は、共産党の支配そのものに問題はなく、ただスターリンに問題があったとするものであった。それは彼が自分の特権的な地位を守るために考えついた結論というより、彼の信念に発していた。つまり、フルシチョフは、共産党による政治はスターリンのような犯罪者がいなければ最良のものであり、かならず人びとをバラ色の共産主義社会に導くはずだと確信していたのである。

このような信念を持っていたので、彼は社会主義経済の基本である集団農場と計画経済を変えようなどとは考えなかった。むしろそれに基づいて経済を発展させることで、アメリカに追いつき、追い越せると考えた。具体的には、経済の中に残る資本主義的要素を締め出し、他方で高い計画目標を定めることで、目標の実現を目指した。同時に彼は、経済を管理する中央官庁の力を弱めて、管理を国民の生活に近い地域単位で行なおうとした。こうしたさまざまな要素を含む彼の改革は、結果としてソ連経済を混乱させた。

一九六四年十月、共産党中央委員会幹部会（共産党の最上級機関は通常は政治局であったが、一九五二年から六六年までは幹部会と呼ばれた）は、フルシチョフを党の最高指導者の職務（一般には書記長だが、この時期は第一書記と呼ばれた）から解任した。ソ連共産党史上、正式の会議で支配者の解任を決めたのはこれが初めてのことであった。その意味でいえば、支配者の権力を制度的に制限する可能性が開かれたのである。しかし実際には、解任後の政治は、いったん幹部の集団指導体制が布かれた後に、ふたたび個人支配に戻っていった。この結果、幹部の造反以外に、現役の支配者を交代したり、彼らの権限を制限したりする制度は、ソ連体制では創出されなかったのである。

一九六〇年代後半に集団指導体制が崩れ、そこからブレジネフ（一九〇六－八二）が支配者として現れた。ブレジネフは、管理職にある者の地位を保証する代わりに、彼らに自分を支配者として認めさせる路線を採用した。つまり、ウズベキスタンやグルジアなどの地方単位、あるいは重工業や食品工業など経済単位において、それぞれの領域を管理する者にその範囲内で裁量権を与え、それと交換にブレジネフ指導部に対する服従を求めたのである。このような妥協は各地で独裁的体質を持つ指導者を生み出したが、フルシチョフ時代に動揺した中央権力を安定化させ、緩やかな経済の回復を引き起こしていった。

他方で、フルシチョフの退場とともに、彼が真剣に説いていた共産主義の教えも社会の中でまじめに受けとられなくなった。以前から、そうした教えを中身のない符丁だとみなしていた人びとはもちろん、少しは関心を示していた人びとも、この頃から儀式の一部としてレーニンの書いたものを唱えるようになった。彼らは盗聴される心配のない台所で気が合う仲間と日々の生活の不満を述べ、風刺の利いた小話を楽しむようになった。

こうしたブレジネフの支配で大きな問題となったのは、フルシチョフが始めたスターリン批判であった。都市のインテリや学生は、スターリン批判をさらに進めることで自由の枠を拡大しようとした。反対に各種の管理者たちは、スターリン批判が国民の体制批判的姿勢を強めると考え、その中止を求めた。ブレジネフと彼の協力者であったスースロフ（一九〇二‐八二）は後者の意見を支持したが、はっきりとスターリン批判こそ誤りだったと認める政策をとる危険性にも気づいていた。こうして彼らはスターリンを批判することも、逆に正面から讃美することもしないという政策を採用した。それは、インテリはもちろん、一般国民の政治や思想への関心を弱めることになった。

国民から批判されることが少なくなった管理者たちは、ソ連が西側諸国に経済レベルで立ち遅れている事実を認めようとはしなかった。そもそもソ連体制は外国との関係を極度に制限しており、政治や経済を改革する志向が外部からの刺激によって生じる可能性は乏しかった。

9 ゴルバチョフの改革

一九八〇年に、ソ連との対決姿勢を表明するレーガンがアメリカの大統領として選出された。この時までに、国民の多くがソ連の経済成長率の低下や社会的モラルの弛緩に気づいていた。しかし、ブレジネフが死ぬ直前の時期の政治局員の平均年齢は七十一歳であり、こうした状況に対処する力を持たなかった。結局、ブレジネフの死後、二人の老齢の書記長を経て、若いゴルバチョフ（一九三一－　）が一九八五年に書記長に選出された。

ゴルバチョフは経済の改革が急務であることを理解していた。しかし抜本的にシステムを変えようとはせず、国民の意識改革を重視した。一九八六年春にチェルノブイリ原発事故が起こったこともあって、この政策はグラースノスチ（公開）政策として大々的に進められた。マスコミはゴルバチョフに指示されて大胆になり、生産や流通の欠陥を指摘し、幼児死亡率の高さや、売春、麻薬、少年犯罪の広がりなどの社会問題を取り上げるようになった。人びとはそうした事実に以前から気づいていたので、「ショッキングな」ニュースや批判的論調の記事を掲載した新聞を歓迎した。特に政治的に鋭敏なインテリ層は、今度こそ本格的な自由化が始まると考えた。

ゴルバチョフは経済改革のために軍事コストの削減も図った。まず、一九七九年から継続されていたアフガニスタンへの派兵を縮小する決定を一九八六年に行なった。それは一九八八年から実施する完全撤退の先触れであった。一九八七年末には米ソ間で中距離核戦力全廃条約が締結された。中ソ国境での緊張緩和も進み、一九八九年五月にはゴルバチョフの中国訪問がなされた。全体としてみると、国際関係の緊張は急激に弱まっていた。

こうした一連の政策はペレストロイカ（立て直し）と呼ばれ、西側諸国で大歓迎された。だが肝腎の経済面では、政策の内容はきわめて限定されていた。一九八七年に国営企業に経営面での一定の自由を与える法律が採択された。また翌年には協同組合法が採択され、経営努力によって経営者の利益が決まる企業も出現した。この程度の改革でも、多くの抵抗が生じた。なによりも既得権を失うことになる経済の管理者や行政を担う官僚たちが陰に陽に抵抗した。また一般国民も市場経済を導入すれば多数の失業者が出現し、物価が高騰すると考え、明瞭な支持の姿勢を示さなかった。

ゴルバチョフは改革への抵抗を抑えるために、グラースノスチ政策をさらに拡大し、政治の民主化を推し進めていった。具体的には、これまで形骸化していた党組織やソヴィエトへの代表の選出を、本当の意味での選挙によって行なおうとした。このような選挙が本格的に実施されたのは、一九八九年三月の人民代議員選挙が最初であった。これまで最高ソヴィエト（最高会議）が国家の最高権力機関とされてきたが、その議員は形式的な選挙で選出されていた（実質的な支配は共産党がしていたからである）。そこで、まず国民に人民代議員を選出させ、次にその代議員による選挙で最高ソヴィエトの議員を選出させることにした（ただし人民代議員はすべて選挙で選ばれたわけではなく、共産党や学術団体などの社会団体による推薦枠なども残された。ゴルバチョフも選挙ではなく、共産党の推薦で人民代議員になった）。

こうして国民は、自分たちで代表を選ぶ選挙に参加することになった。それは一九一七年の憲法制定会議の選挙以来のことであった。すぐに、候補者は、従来の共産党支配体制を支持する者と、それを批判する者に二分された。後者は社会民主主義者や民族主義者、自由主義者など多様な人びとであったが、そのことはあまり重視されなかった。結局、レニングラード（現在のサンクト・ペテルブルク）では、ソロヴィヨフ政治局員候補が落選した。またモスクワでは、エリツィン（一九三一－二〇〇七）が選出された。彼は一九八七年にゴルバチョフ指導部内での意見の対立のため政治局員候補の地位から解任されていた人物であった。レニングラードやモスクワの市民は、こうした投票をすることによって共産党支配に対する強い抗議を示したのである。

ブッシュ（父）大統領（右）を迎えるゴルバチョフ（中央）とエリツィン

　選挙に続く人民代議員大会の審議も、国民の注目を集めた。代議員たちは次々に登壇して、行政府や軍の抱える問題を指摘した。この様子はテレビ中継されて、全国に伝えられた。ゴルバチョフはこの大会で国家元首を意味する最高ソヴィエト議長に選出されたが、もはや全体をコントロールする力を失っていた。また共産党の権威が失墜したことも明らかになった。そこでゴルバチョフは大統領制を導入して、行政府を強めようとした。事態は彼の思いどおりに進み、一九九〇年三月、ゴルバチョフは臨時の人民代議員大会で大統領に選出された。最初の大統領だけ公選ではなく、こうした方法で選ぶことを決めていたのである。これと同時に、共産党による国家支配を原理的に規定していた憲法第六条も改正された。

　しかし、国家の行政機構は長年にわたって党組織を通じて機能していたので、最高の役職（大統領職）を一つ加えても、それで国家機関が整備されることはなかった。ゴルバチョフは、見かけは共産党書記長と大統領を兼ねて強大な権限を手に入れたが、実際には共産党の上層部に彼を敵視する勢力を生み出していたのである。しかも肝腎の大統領職にはその命令を実行する機構が備わっていなかった。

ゴルバチョフは、共産党内にのみ批判勢力を有していたわけではなかった。経済状態は改善されるどころか悪化していたために、一般市民の中で彼に対する不満が広がっていた。一九九〇年五月、モスクワの赤の広場におけるメーデーの行進では、「打倒、ソ連共産党」とともに「ゴルバチョフは退陣しろ」というプラカードが掲げられた。その後も、彼を批判する労働者のストライキ等が繰り広げられた。

さらに国際的にも、ソ連から離反する動きが生じていた。一九八九年の後半に、東欧諸国でソ連に友好的な政権が次々に瓦解していった。ベルリンの壁も崩壊した。ゴルバチョフはこれまでの政権がしていたように武力介入を命じなかったために、このソ連離れの動きは比較的平和なうちに進展した。ソ連の人びとは、東欧の人びとがソ連から安い天然資源を得て、より良い生活をしていると考えていたので、こうした行動にただ不快を感じただけであった。ゴルバチョフにとってより困難であったのは、ソ連を構成する十五の連邦共和国の離脱の動きであった。ソ連国内では一九九〇年にバルト三国が相次いで独立宣言を行なった。それはソ連から完全離脱を目指すものであった。グルジアなどザカフカースの諸国も独立宣言を行なった。他方で、ロシアやウクライナなどの国は、連邦の枠組みを変更し、より多くの権限を共和国に引き渡すよう求めて主権宣言を採択した。

ゴルバチョフは、一九九一年から、主権宣言派の要求に応える連邦条約を締結しようとした。それはソ連という国家の構造を決定的に変更することになるので、共産党上層部は反発し、八月にゴルバチョフを軟禁してクーデターを決行した。しかしエリツィンの活躍によってクーデターはあっけなく失敗した。それとともにゴルバチョフの改革も終わった。

10　ソ連の崩壊

ソ連という国家の命運は、クーデターの失敗で定まったとみることができる。大統領代行、首相、国防相、KGB議長、国防会議第一副議長等々、国家の要職にある人びとが結束して行なったクーデターは、ソ連という国家に対する国民の信頼を打ち砕いたからである。こうした人びとを任命したゴルバチョフも、責任を追及された。

クーデターの後、国民の目は独立宣言や主権宣言をした連邦共和国に向けられた。ソ連が崩壊するのであるから、連邦を構成していた連邦共和国が独立するのは当然のようにみえたのである。しかし、実際にはそこには深刻な問題が隠されていた。ソ連という国家は民族政策においてひじょうに独自な制度を発展させていたのである。第一に、国民はそれぞれ自分が文化的にいかなる民族に属するのか明白にしなければならなかった。具体的には、各人の民族籍は身分証明書（国内パスポート）に記載される重要な指標とされていたのである。第二に、連邦を構成する共和国はすべて民族的に構成されていたので、国民は自分の民族籍にかかわらず、特定の民族地域の行政単位の中で生活しなければならなかった。たとえばこれらの行政単位が非ロシア人地域にあると、そこでは初等から中等までの学校教育で、ロシア語とともに地域の多数派民族の言語が使用されていた。

以上の点は、同じように多民族が住むアメリカと比べると違いが明瞭になる。第一の点は、アメリカでは、人びとは自分が文化的にどの民族に属するかをパスポートに書かねばならないということはない。しかしソ連では、日常的に携帯するパスポートで、自分がどの民族に属するのか確認させられたのである。また第二の点は、アメリカの州は民族的に構成されていないので、国民は通常は民族文化と無縁に暮らしている。しかしソ連ではそうではなかった。たとえば、グルジア連邦共和国で生活していたロシア人やウクライナ人は、グルジア人（ジョージア人）が多く、彼らの文化が溢れる街で、特に差別されていたわけではないが、少数民族の一員としてグルジア文化に抵抗したり、同調したりして生活していたのである。

ソ連が崩壊していく時に、こうした独自の制度はいくつもの問題を生じた。第一に、自分の民族と異なる連邦共和国に住んでいた人びとは、連邦共和国の主要な民族が急激にナショナリズムを強める状況に直面して、そこにとどまるべきか、あるいは自民族が多数いる連邦共和国に移動すべきかという選択を迫られた。これは簡単にいえば、エストニア連邦共和国に住んでいたロシア人が、急にエストニア民族の国家になりつつある状況に不安を感じ、そこにとどまるのか、あるいは家財を処分してロシア連邦共和国に移動するのか、という選択を迫られるようになったということである。

第二に、あらためて個々の連邦共和国の領土や国境が歴史的にどのように形成されたのかという問題が尖鋭なかたちで意識されるようになった。たとえば中央アジアの五国（カザフスタン、ウズベキスタン、タジキスタン、キルギスタン、トルクメニスタン）は、ソ連時代に初めて創られた国家なので、その境界はまだ歴史的に定着したとはいえなかった。そこで、この際に民族分布の境界と一致する形で国境が確定されるべきだという意見がロシアやウズベキスタンで表明された。

第三に、ソ連には十五の連邦共和国を構成した民族よりもはるかに多くの民族が生活しており、しかもその中には行政単位を持っているものもかなりあったので、その独立が問題になった。こうした「小さい」民族の行政

図1　各連邦共和国居住のロシア人の人数とその割合

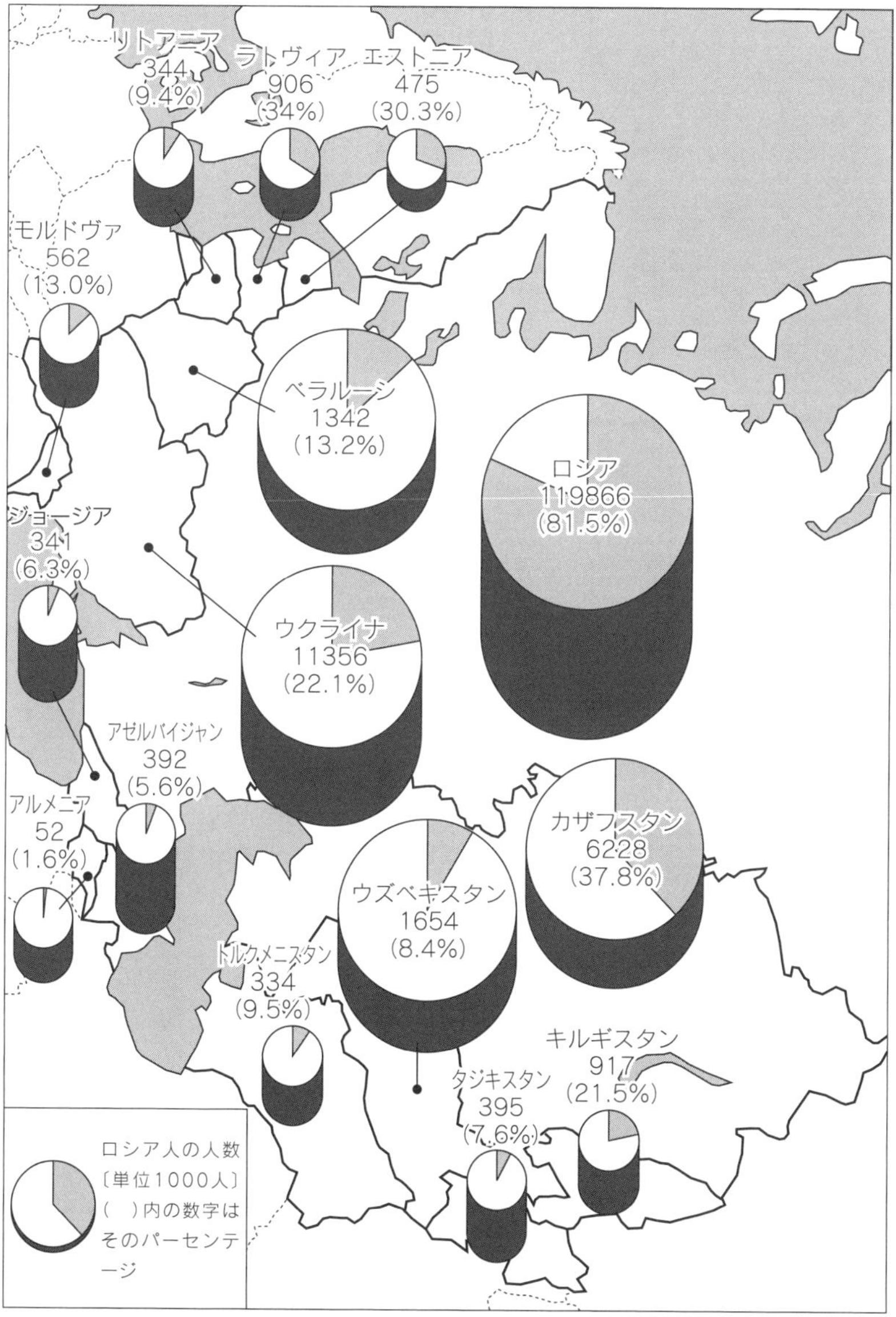

典拠：1989年国勢調査をもとに作成。

単位は、自治共和国、自治州、自治管区という名称で区別され、時期によって異なるが、全部合わせてだいたい四十ほどあった。これらの中には、ロシア連邦共和国の中にあったタタールスタン自治共和国のように、エストニア連邦共和国よりも人口が多い国が存在したのである。人口規模からすれば（また領土の広さからみても）、何故エストニアやラトヴィアが独立国になれて、タタールスタンがなれないのか、説明がつかなかった（ソ連では、連邦共和国となるためには、人口は相対的な要件でしかなく、その民族の居住領域がソ連という国家の国境周辺に位置していることが不可欠の条件であった）。同じ論理から、やがてロシアからの独立を目指すチェチェン人の分離・独立運動（チェチェン問題）が発生してくるのである。

右の三問題がどれほどの人びとの生活に関わっていたのか概要を知るために、ここでは第一の問題に関する資料を見てみよう。**図1**は、一九八九年の国勢調査による各連邦共和国居住のロシア人の人数とその割合である。

この図を見れば、いまかりにロシア連邦共和国以外に住むロシア人が、自分たちの国とみなすロシアに移動するとすれば、どれほどの規模の事件となるか理解できるであろう。たとえばカザフスタンでは全国民の三七・八%が出国することを意味するのである（もちろん、反対に、ロシア連邦共和国など他国に散在していたカザフ人が同国に大挙して移動してくることも意味する）。

ソ連の崩壊という事態は、こうした深刻な問題を起こす可能性をはらんでいた。しかも先に述べたように、クーデター後に監督責任を問われたゴルバチョフにはもはや事態を管理する力がなかった。実際、クーデター直後にウクライナが独立宣言を採択し、十二月一日には国民投票によって独立を望むことを明らかにした。

こうした展開を受けて、ウクライナの国民投票の一週間後に、ロシアのエリツィン大統領、ウクライナのクラフチューク（一九三四－　）大統領、ベラルーシのシュシケーヴィッチ（一九三四－　）最高会議議長がベラルーシの首都ミンスクの近郊に集い、ソ連を解体して独立国家共同体（英語の頭文字をとってＣＩＳと略称）を発足させることを決定した。十二月二十一日、この三国に中央アジア五国とアルメニア、アゼルバイジャン、モルドヴァ（モルダヴィアの名前を改称）を加えた諸国によってＣＩＳの結成が確認された（グルジアも一九九四年に加盟した）。ソ連はここに崩壊し、その地に十五の新国家が誕生したのである。

前節と本節で述べたように、ソ連の崩壊は社会主義国家の終焉という意味と、特徴ある制度を持つ多民族国家の終焉という意味を持っていた。ロシアは（ウクライナやカザフスタンなど、他の独立国と同じく）、こうしたソ連時代の歴史を引き継ぐかたちで、新しい国家体制の創造に向かったのである。

政治編

第二次世界大戦後のソ連では、一般に、政治は天気のようなもので、人びとに関係のないところで決まり、突然に彼らの生活に関わってくるものと受けとめられていた。ソ連の政治が特殊なものだとする理解は西側でも受け容れられ、指導者の言動に極度に集中した研究が生み出された。こうした研究は、指導者が執務する場所の名前を使って、皮肉を込めてクレムリノロジーと呼ばれた。

しかし、ゴルバチョフの改革以降、市民が政治に深く関わるようになった。そのために、日本や韓国の政治を研究するのと同様に、市民の活動や関心と深く結びついた政治制度や、その中で活動する政治主体、さらには、そうした政治行動全体の基底をなす政治文化に関心を向ける必要が出てきた。ロシア政治の研究は、ロシアの変化とともに大きく変わったのである。

ここではまず、一九九〇年代から二〇〇〇年初頭までの市民生活の変化を概観し、次に憲法体制を中心にして政治制度を扱い、さらにその中で政治主体が繰り広げる政治過程を説明することにしたい（政治文化については、対外政策編でまとめて論じる）。

1　市民生活の傾向

ロシア国民の生活は一九九〇年代初頭から大きく変化した。変化はきわめて広範な領域に及んでおり、まとめるのは困難である。そこであえていくつかの顕著な変化に着目し、変化の傾向を押さえておこう。

まず、アメリカのノースカロライナ大学とロシア科学アカデミー付属社会学研究所の研究者たちが共同で行なっている生活状態調査を利用してみよう。**図2**は、このグループが実際に乳幼児の身長と体重を測定して行なった栄養状態調査の結果である。ここからわかるように、ソ連が崩壊した翌年の時点ですでに子供の栄養状態に問題が生じていた。しかもこの状態は、一九九四年に一段と悪化したのである。その後、遅くとも九六年には改善に向かったが、二〇〇〇年までに再度悪化し、その後また回復軌道に戻っている。この軌跡とよく似ているのは平均寿命の変化である。それを**図3**に示してみよう。

図3には示していないが、ソ連時代にもっとも平均寿命が高かったのは一九八六・八七年度で、その時はロシア全体が七〇・一三歳、ロシアの都市部が七〇・三二歳、ロシアの農村部が六九・〇九歳である。つまり、ここでもすでに一九九二年の時点で低下が始まっていたのである。その傾向は九四年まで続き、翌年に増大傾向に変化した。これ以降の展開も先に挙げた乳幼児の栄養状態とよく似ており、平均寿命値は九九年になってふたたび低下傾向をみせ、ようやく二〇〇一年になって上昇の兆候をみせている。またそれとは別に、この図は農村部の状態が相対的に悪いことも示唆している。平均寿命は死亡率などを基にして計算されるが、栄養や医療など生活環境

と深く関わっていると考えられる。

上記の二つの統計は、ソ連時代にすでに欧米諸国に比べ見劣りしていた生活環境が、ゴルバチョフの改革が始まるとさらに低下したこと、そして、わずかでも改善の兆しがみえるようになるのは二十一世紀に入ってからで

図２　栄養状態

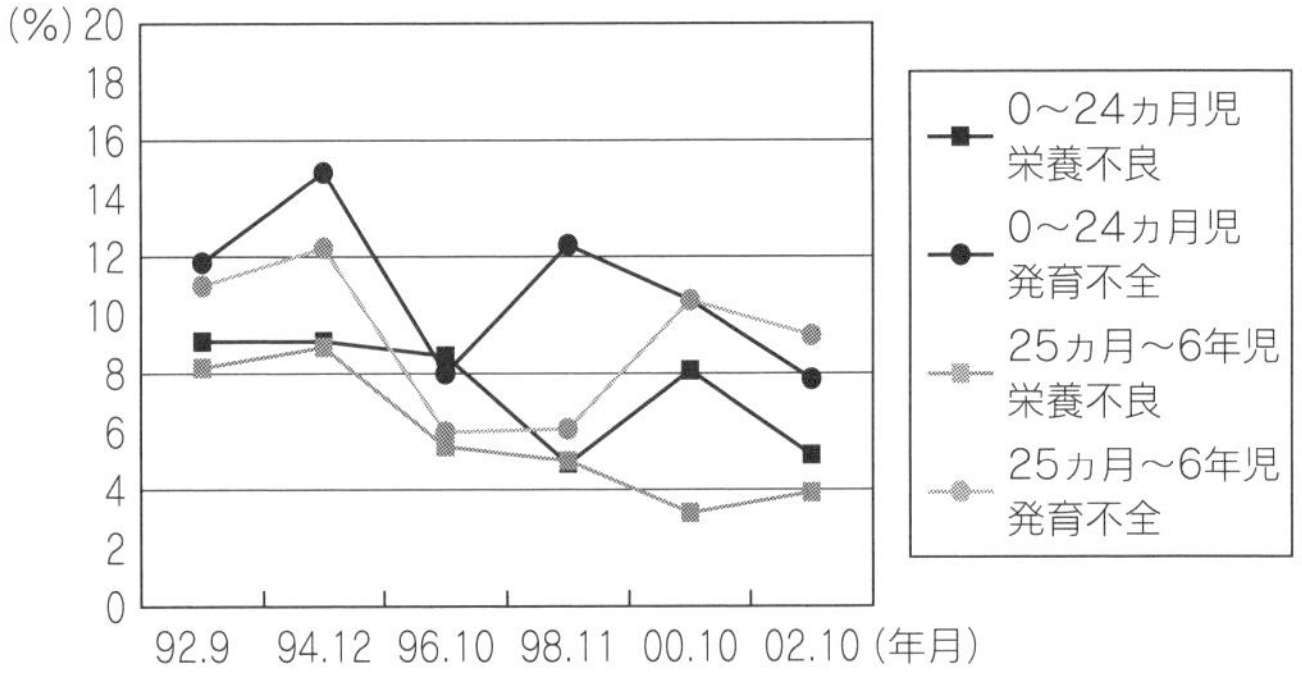

典拠：Zohoori, N., D. Blanchette, and B. Pokon, Monitoring Health Conditions in the Russian Federation: The Russia Longitudinal Monitoring Survey 1992-2002, North Carolina, April 2003 (データの詳細は、http://www.cpc.unc.edu/projects/rlms を参照).

図３　平均寿命

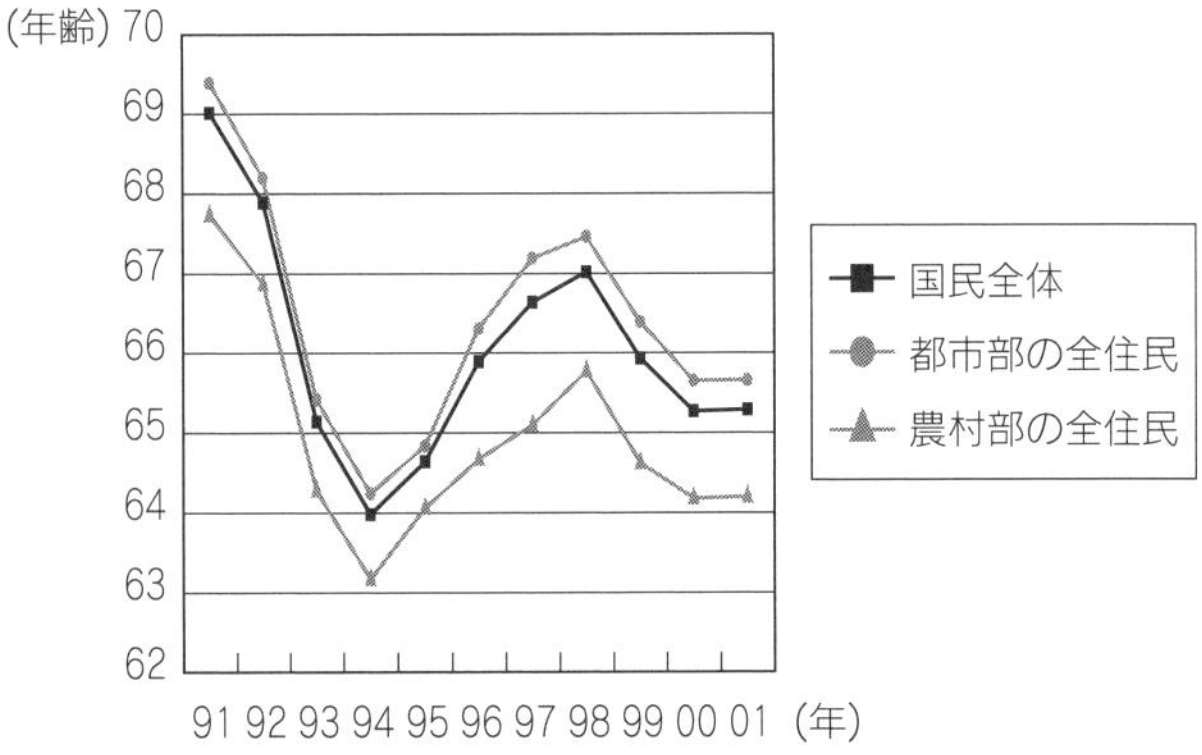

典拠：ロシア国家統計委員会が発行する『人口年鑑2002年』から抜粋。

表１　出国者数に占める旅行者数の推移

	1970年	1975年	1987年	1988年	1989年	1990年
出国者総数	1814	2450	ND	4234	8009	9086
旅行者総数	ND	ND	920	1041	1650	2150
総　人　口	241720	253300	281689	284104	286731	288624

	1995年	1996年	1997年	1998年	1999年	2000年	2001年	2002年
出国者総数	21329	12260	11182	10635	12631	18371	17939	20343
旅行者総数	2607	3508	4143	3330	2809	4485	4191	5044
総　人　口	147938	147609	147137	146740	146328	145559	144819	143954

単位：1000人
典拠：1995年以降はロシア国家統計委員会が発行する『数字で見るツーリズム、2002』から作成、1990年以前は『ソ連邦　事実とデータ』、『数字に見るソ連』（当該年版）から作成した。

あることを示している。ゴルバチョフの改革からソ連の崩壊へ、そしてその後の混乱したロシアの再生へのプロセスは、多くのロシア人にとってひじょうに辛い年月だったのである。

この点は基本的事実として押さえておく必要がある。しかし生活の劣悪化だけを強調するのは危険である。生活は多面的で、けっして一つの指標で理解できるものではない。たとえば**表1**を見ると、かなり異なる様相が浮かび上がってくる。

これは、二つの時期の出国者数とその中の旅行者数を示したものである。表の出国者の中には、軍人と恒常的居住地に行く者は含まれない。また、旅行者の中には、勤務のため出かける者や個人の仕事で出かける者は含まれない。ゴルバチョフ以前には外国旅行者数のデータを公表しなかったので、データが入手できないものもある（NDと記した）。一九七〇年と一九七五年については、それでも出国者数がわかるので、ここから外国旅行者について類推することが可能であろう。

さて、二つの時期の表は、国民はゴルバチョフの時代になって自由に外国旅行ができるようになったが、それでも一九九〇年代後半以降と比べると、出国者と旅行者の数がかなり少なかったことを示している。たとえば、この表から、一九八九年の出国者は国民の二・七％、旅行者は国民の〇・六％弱にすぎなかったが、一九九九年になると、それぞれ八・六％、二％弱に変化し、二〇〇二年にはさらにその倍近くまで増大したことがわかる。もちろん、出国や旅行を繰り返している者がいることは確かであるが、それでもこの数字は、外国に出かけるロシア人が確実に増大してきていることを示している。しかも、ここでは示されていないが、同じ統計によれば、その九割はＣＩＳ諸国以外の国に向かっているのである。

旅行の機会の拡大は、広い意味での自由の拡大を意味する。ロシア国民は、もはや国家から特別の許可証を得ることなく、お金さえあれば、どこにでも出かけることができるようになったのである。この傾向が弱まるとは考えられない。

さらに別の種類の変化も起こっている。市民の収入源が、そうした変化を示している。これもノースカロライナ大学と社会学研究所の共同研究によって、信頼できるデータが得られる。彼らの提供する表をそのまま利用すると、**図4**のようになる。

この図は、被調査者が回答した資料に基づいているので、乳幼児の身体検査の数値に基づくものほど確実性を持たない。それでも、一定の傾向をうかがうことができる。

この図から浮かび上がってくるのは、第一に、私企業から得る収入が家計の中で確実に重みを増しており、国営企業からの給与が市民の収入源のすべてであった時代は確実に終わりつつあること、第二に、経済の悪化のために、年金、失業保険、各種手当など、国家が管理している補助金への依存はむしろ増大していることである。図ではわからないが、間違いなく、補助金の中で最大のものは二〇〇〇年時点で三八〇〇万人強を数える年金受給者への給付金である。この点では、多くの市民にとって国家は依然として経済面でかなりの重みを持っている

図4　収入源の推移

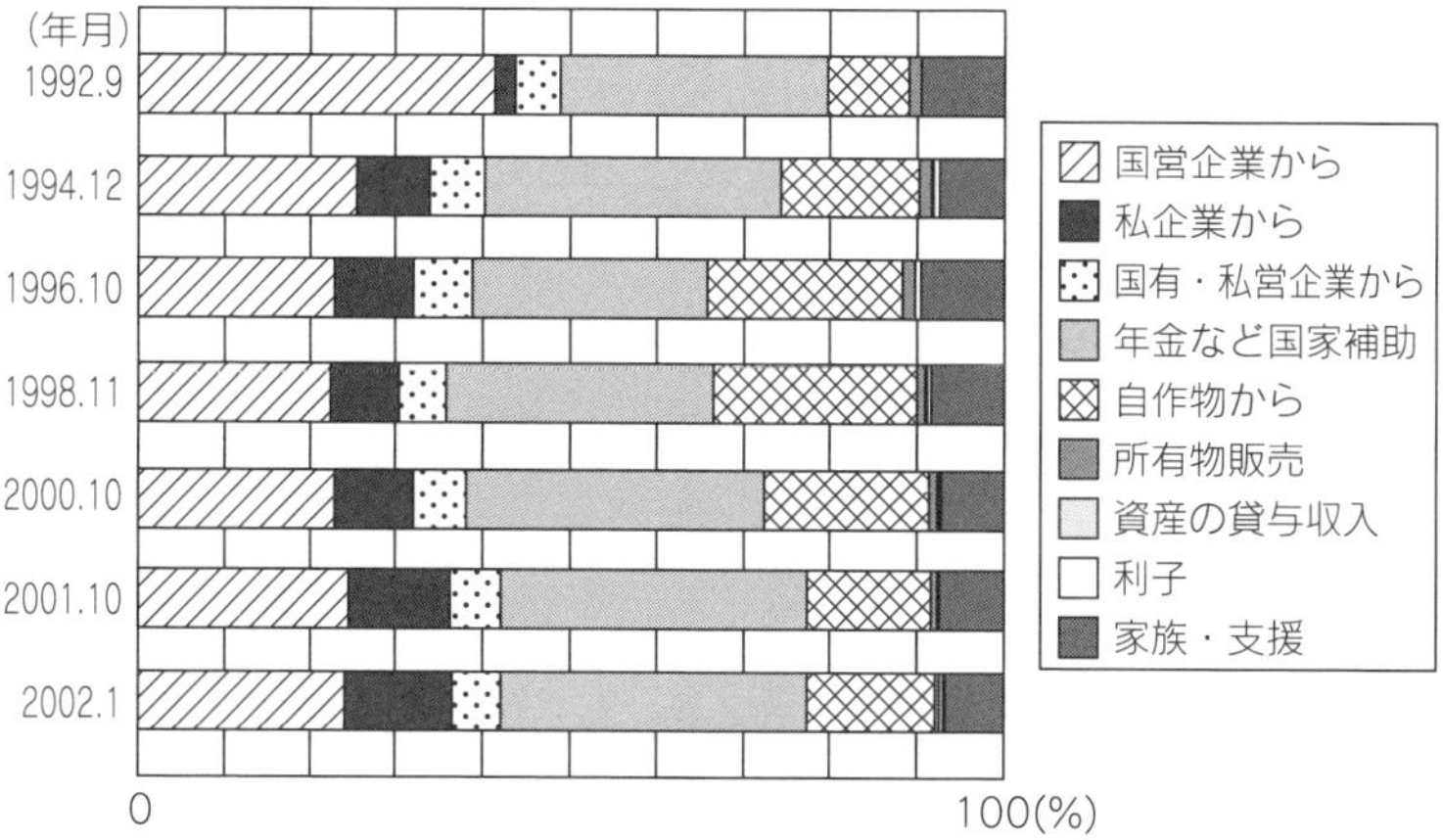

註：1992年9月のデータでは利子収入が不明のため抜けている。

のである。つまり、経済生活の脱国家化が生じているのであるが、それは、市場経済の導入時に予想されたほど順調には進んでいないのである。

まとめると、ソ連の崩壊は、生活の劣悪化、生活の自由度の拡大、そして経済生活の緩慢な脱国家化といった傾向を生み出した。生活の劣悪化は犯罪の増大、家庭の基盤の動揺につながった。マフィアや一握りの成金の出現といった社会問題は比較的頻繁にマスメディアで取り上げられてきたので知られている。しかし同時に、個人レベルでは、国家からの自由が増していることも見逃すべきではない。経済社会面では、脱国家化により個人の責任が増していることが重要である。それはある者にとっては能力を生かす機会の拡大であり、別の者にとっては、社会主義体制において国家が果たしていた保護的役割（就労の世話、住宅の提供、医療と教育の提供など）の放棄である。

以上のような大きな社会的経済的変化が起こる中で、将来の政治の基盤となる憲法体制が構築されていった。次にその過程をみることにしよう。

2 経済改革から新政治体制へ

ソ連崩壊後の新しい政治制度は、さまざまな領域で少しずつ形成されていった。その過程をすべて追うことはできない。そこでここでは新憲法の制定という点に絞って、成立過程をみることにする。このように問題を限定すると、一九九二年初頭から始まった経済改革を起点にして考えることができる。

経済改革は、エリツィンが一九九一年秋にガイダール(一九五六-二〇〇九)など若手の経済専門家を抜擢した時点から、ゴルバチョフ時代のそれと質的に異なるものとなった。若手経済専門家ばかりか、エリツィンを支持した国際通貨基金(IMF)の専門家も、いっきょに市場経済のメカニズムを導入すれば、積年の問題を一過的な痛みを伴うだけで解決できると主張した。こうして、一九九二年一月から財政の引き締め(企業に対する信用の縮小)、商品・サービスの価格の市場による決定(国家規制の撤廃)、外国貿易の自由化という三点を柱とする経済改革が始まった。

しかし、経済システムの急激な転換と財政の緊縮化は経済活動を混乱させた。社会主義経済では、商品は社会全体で必要な最低限度しか生産されず、通貨の発行量に対してつねに物とサービスが不足していた。少し誇張していえば、市民はいつもお金を持ち歩き、買いたい物、買わねばならない物を探し求めている状態であった。このために価格が自由化されて商品が出回るようになると、物価は急騰した。他方で貿易の自由化によって、高品質の輸入品が低品質のロシア製品を駆逐する事態が生じた。たとえば街の売店では、見栄えの良い外国製品が棚を埋めて、ロシア製品は目につかなくなった。それは、ロシアの企業の中に開店休業状態に陥るものが出てきたことを意味する。

当然、市民生活への影響は深刻であった。激しいインフレは年金の大幅引き下げを意味し、企業の操業停止は給料の遅配を意味した。市民の不安は、エリツィンを批判する勢力を力づけた。こうした勢力は、旧共産党支持者に限られなかった。エリツィンとともに反共産党の立場をとってきた議員の中にすら、公然と彼を批判する者が出てきたのである。そこでエリツィンは、財政引き締め策をなし崩し的に弱めていった。彼は一九九二年十二月にはガイダールを首相代行から解任し、ソ連時代にガス工業大臣で、天然ガス経済企業の管理者であったチェルノムィルジン(一九三八－二〇一〇)を首相に任命した。こうしてロシアの経済改革は、短い期間に、急進的な市場経済導入政策から段階的な導入を目指す政策へと転換した。

だがその一方で、エリツィンは一九九二年半ばに開始した国有企業の私有化については変更しようとしなかった。ソ連時代には、企業は国有か共同体所有であった。こうした企業の最初の私有化の方法はきわめて単純で、赤ん坊から老人まで国民全員に、無料で一人額面一万ルーブルの私有化証券を分配するというものであった。この証券を受け取った市民は、それを取引所で現金化することも、自分が勤めている企業の株券に交換することも、同じように株式会社化した別の企業の株券に交換することもできた(私有化は、一九九四年以降には、現金方式、それから国有財産の担保方式と変化した。両方法とも早くに企業家になった少数者に有利であった)。

しかし企業の株券に交換するといっても、証券市場について何も知らない人びとにとって利用の仕方は簡単ではなかった。結局、多くの人は私有化証券をそのまま現金化したり、それで高利回りを宣伝する金融証券を購買したりした。この状況は、ソ連時代の企業の経営実態を知る者にとって絶対的に有利であった。各種の経済部門

表2　政治制度の変更にかかわる重要な改革

①	1989年3月	ソ連人民代議員大会選挙	
	1990年3月	ロシア連邦共和国人民代議員大会選挙	
②	1989年5月	ソ連最高会議議長の選出	ソ連人民代議員大会でゴルバチョフ選出
	1990年5月	ロシア連邦共和国最高会議議長の選出	ロシア人民代議員大会でエリツィン選出
③	1990年3月	ソ連大統領の選出	人民代議員大会でゴルバチョフ選出
	1991年6月	ロシア連邦共和国大統領の選出	国民の直接選挙でエリツィン選出

で管理者の地位にあった者や行政部門の責任者であった者は、多数の私有化証券を安価で集め、有望な企業を買収して企業家に変身した。この過程で、しばしばマフィアと呼ばれる暴力組織も暗躍するようになった。こうして、短期間に、一般市民からみれば国有財産の略奪でしかない私有化が進行し、ごく少数の金持ちが出現したのである。当然、多数の人びとが私有化と呼ばれる改革に疑問を抱いた。

ここに生じた社会的不満は、これまでの改革の中で生み出された政治制度によって解決されなければならなかった。しかしそれは不可能であった。ゴルバチョフの改革以来積み重ねられてきた政治制度の変更は、こうした事態を想定していなかったのである。この点を理解するためには、簡単にゴルバチョフ時代に連邦レベルと共和国レベルで導入された政治制度についてみておく必要がある。重要な改革は**表2**の通りである。

このように、ゴルバチョフ改革の結果、ソ連が崩壊した一九九一年末には、ロシアにもソ連とほぼ同じような政治制度が生まれていたのである。それは**図5**のようなものである。

この複雑な構造は、ゴルバチョフとエリツィンがいったんそれぞれソ連とロシアの最高会議議長に就き、その後大統領に移るという経緯から生じたものである。この制度には二つの欠陥があった。第一は、立法府が人民代議員

図5　ソ連の政治制度

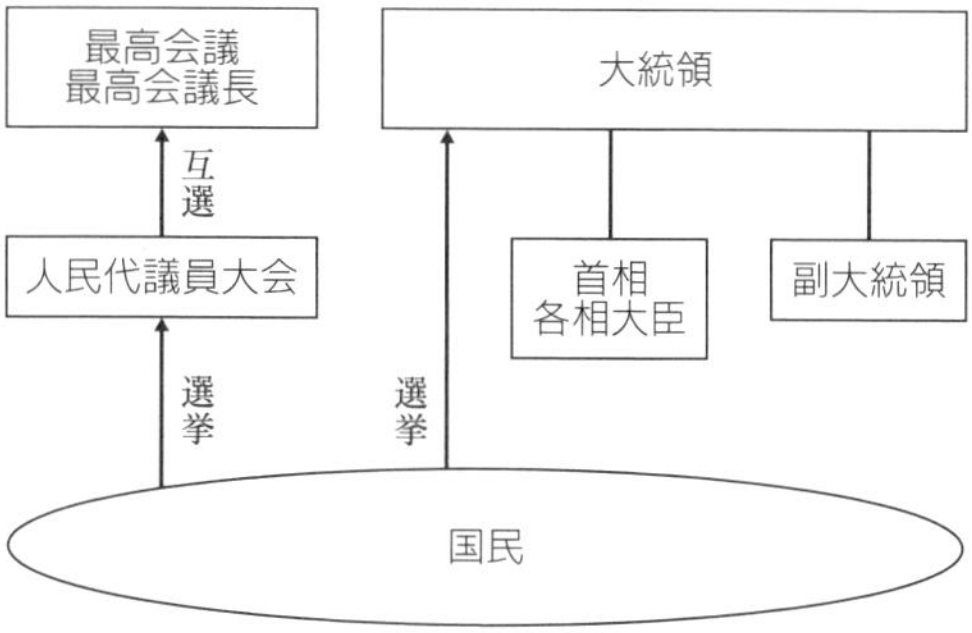

大会と最高会議という二重構造になっていたことである。これでは意思決定が困難であった。第二は、ソ連時代の政治構造の特徴を引き継いで、立法権と行政権が分離されていなかったことである。

表2から明らかなように、ゴルバチョフとエリツィンが最高会議議長となったとき、まだ大統領制は存在しなかった。ゴルバチョフの場合には一九八九年五月から翌年三月まで、そしてエリツィンの場合には一九九〇年五月から翌年六月までは、二人は最高会議議長として立法権ばかりか行政権も行使していたのである。そして後に大統領制が導入されると、ゴルバチョフとエリツィンはそれぞれの領域での大統領になったのであるが、この時彼らは行政権ばかりか、大統領令の公布というかたちで立法権までも握ることになったのである。

先に述べてきた社会的矛盾は、こうした複雑な政治的構造の中で生じたのである。大統領に敵対する勢力は人民代議員大会＝最高会議に結集し、ここに大統領と議会の対立が生じた。それは憲法裁判所の介入によっても解決されなかった。

結局、エリツィンは彼の改革を支持するかどうか、直接国民に問う策を選び、一九九三年四月に国民投票を実施した。その結果は、投票者の過半数をわずかに超える国民がエリツィンの社会経済政策を支持していることを示した。エリツィンの支持者は彼の政策がもたらした状態に不安を抱いていたが、それでもソ連体制へ回帰する動きを支持する気にはならなかったものと思われる。この国民投票は、体制の選択（市場経済に基づく体制か、社会主義経済体制か）と政策の評価（政策を適切と考えるか否か）という本来異なるレベルの問題を混在させており、民主主義の促進を標榜する政府の行為としては大いに問題があった。

ともかく、国民投票で多数の支持を確認したエリツィンは、新憲法の作成に着手し、抵抗する議会の機能停止を宣言した。これに人民代議員大会＝最高会議に拠る勢力は徹底抗戦の立場をとって応じた。こうして、両者の対立は武力衝突にまで進み、最終的に軍隊による議会勢力の鎮圧という悲劇的結末に至った。十月にこうした強行策をとった後に、エリツィンは新憲法案を提示した。十二月十二日に、その採択が国民投票に付された。結果は、投票率が五四・三七％、そのうちの賛成投票率が五七・〇六％というものであった。この数字は、エリツィンの政治手法に対する国民の支持がかなり弱まっていたことを示している（ちなみに、ソ連時代には、選挙は義務的であったので投票率は一〇〇％に近かった。一九九一年六月のロシア共和国大統領選挙では、投票率は七四％強であった）。

しかしギリギリであれ、新憲法に対する国民の支持が確認されたことは確かであった。制定過程に問題が残るにせよ、社会が新しい憲法秩序を求めていることは否定できなかった。こうして一九九三年末から新憲法体制が機能することになったのである。

3　一九九三年憲法体制

以上の経緯からわかるように、エリツィン指導部は新しい憲法を作成する過程で、二つの課題に応える必要があった。課題の第一は、大統領と人民代議員大会＝最高会議の泥沼化した対決を二度と繰り返さないようにすることである。第二は社会主義体制の復活を許さないことである。それが国民の多数意見だと考えられた。また、社会主義体制が復活すれば、彼のこれまでの活動は無になると考えられたのである。

はじめに第二の課題のために制度設計された点をみてみよう。もっとも注目されるのは、憲法の改正手続きを規定した条項である。すなわち第百三十五条は、憲法の骨格をなす条項（第一章）、国民の権利と自由を定めた条項（第二章）と、改正手続きを定めた条項（第九章）については、「連邦議会によってこれを改正できない」として、改正手続きをきわめて厳格に規定している。これはエリツィン指導部が、敵対勢力が新憲法の条項を利用して合法的に旧体制を復活するのを恐れたからである。

これ以外にも、新憲法には過去の社会主義体制との訣別を強調する条項がかなりみられる。たとえば第八条はわざわざ第一項で「商品、サービスおよび資金の自由な移動、競争の保護、経済活動の自由は、これを保障する」とし、第二項で「ロシア連邦においては、私有、国有、自治体有その他の所有形態は、これを平等に承認し、保護する」と規定しているが、これは社会主義体制がそうではなかったことを意識させるためであろう。また第十三条が「ロシア連邦において、イデオロギーの多様性は、これを認める」とし、「いかなるイデオロギーも、これを国家的または義務的なものとすることはできない」と規定しているのも、同様に新しい体制の利点を強調するためのものと考えられる。

それでは、第一の課題を考えて制度設計している点はどこか。すぐに目につくのは、議会がこれまでのような二段階のものではなくなり、小選挙区比例代表制によって選出される国家会議（下院）と、連邦構成体（アメリカでいえば州にあたる）の代表から構成される連邦会議（上院）の二院制になった点である。明らかに、二段階の複雑な議会構造を改造し、同時に多民族国家にふさわしい連邦会議を設置したのである。

それ以外にも、いくつかの点で新体制は旧体制の「問題点」を是正した。何よりも議会と大統領の関係では、新体制はきわめて明確に大統領優位を定めている。すなわち新憲法は、大統領は国家元首であって、「ロシア連邦憲法、人と市民の権利と自由の保証人」であると明記している（第八十条）。この点を敷衍した具体的規定をみると、大統領は国家会議を解散する権限を持ちながら、議会によって解任されることが極力ないように定められている。しかも大統領令を公布する権限が付与されている（第八十四条、第九十条、第九十三条）。こうして、一九九三年の事態が再発することを難しくしたのである。

しかし、こうした措置によって議会が大統領に対してまったく無力になったと即断してはならない。何よりも国家会議は、大統領が提案する首相候補者について同意を求められることになっている。（第百三条）アメリカのような大統領制では、大統領に行政権限がすべて委ねられているので、首相職はない。しかしロシアの制度はこれと異なりフランスのそれとよく似ていて、半大統領制といわれるものである。この制度では大統領が首相を任命するが、その際に議会からの同意を必要とする。

この場合、もしも国家会議が大統領によって提案された首相候補者を三度拒否すると、大統領は首相を任命して、国家会議を解散させることができる（第百十一条）。しかし大統領が不人気な場合には、国家会議はあえて大統領に逆らって解散を迫ることもできる。実際、一九九八年にエリツィン大統領が経済政策の失敗を首相のキリエンコ（一九六二－　）に押しつけて解任し、先に解任したチェルノムィルジンをふたたび首相に登用しようとすると、国家会議はこれを拒否して対立した。この時には、大統領は議会に人気があったプリマコフ（一九二九－二〇一五）を首相に任命したのである。

半大統領制では大統領と首相が行政権を共同で行使する。この点は、もちろんアメリカ型の大統領制ではみられないものである。しかし、ソ連時代にも共産党書記長に権限の大部分が集中している一方で、経済問題だけは閣僚会議議長（首相とも呼ばれた）に委ねられていたので、国民にはこの形式がなじみやすいのかもしれない。もちろん、ソ連時代の共産党書記長は選挙で選出されていなかったので、半大統領制の大統領と本質的に異なっている。また、大統領と首相の職務は、行政全般と経済問題というかたちで区分されているわけではない点も注目される。憲法では、連邦政府は予算、教育、厚生、外交、社会秩序など政治全般に関わると規定されているので、議会と国民の支持次第では、今後、両者の職務分担は変化するかもしれない。

次に、議会と政府の関係についてみると、国家会議は議員総数の多数票を集めると、政府に対して不信任を議決することができる。不信任が採択された場合には、大統領は国家会議の決定に従って政府の閣僚を総辞職させるか、あるいは国家会議の決定を却下することができる。後者のように大統領が却下した場合には、国家会議は三カ月以内にふたたび政府の不信任を表明して、大統領に政府の総辞職か国家会議の解散を迫ることができる（第百十七条）。これも、大統領の権限を抑制する仕組みである。

ただし、議会が行政権を抑制するために行使する権限で最大のものは、通常は法律の作成であるが、ロシアの

図6　ロシアの政治制度

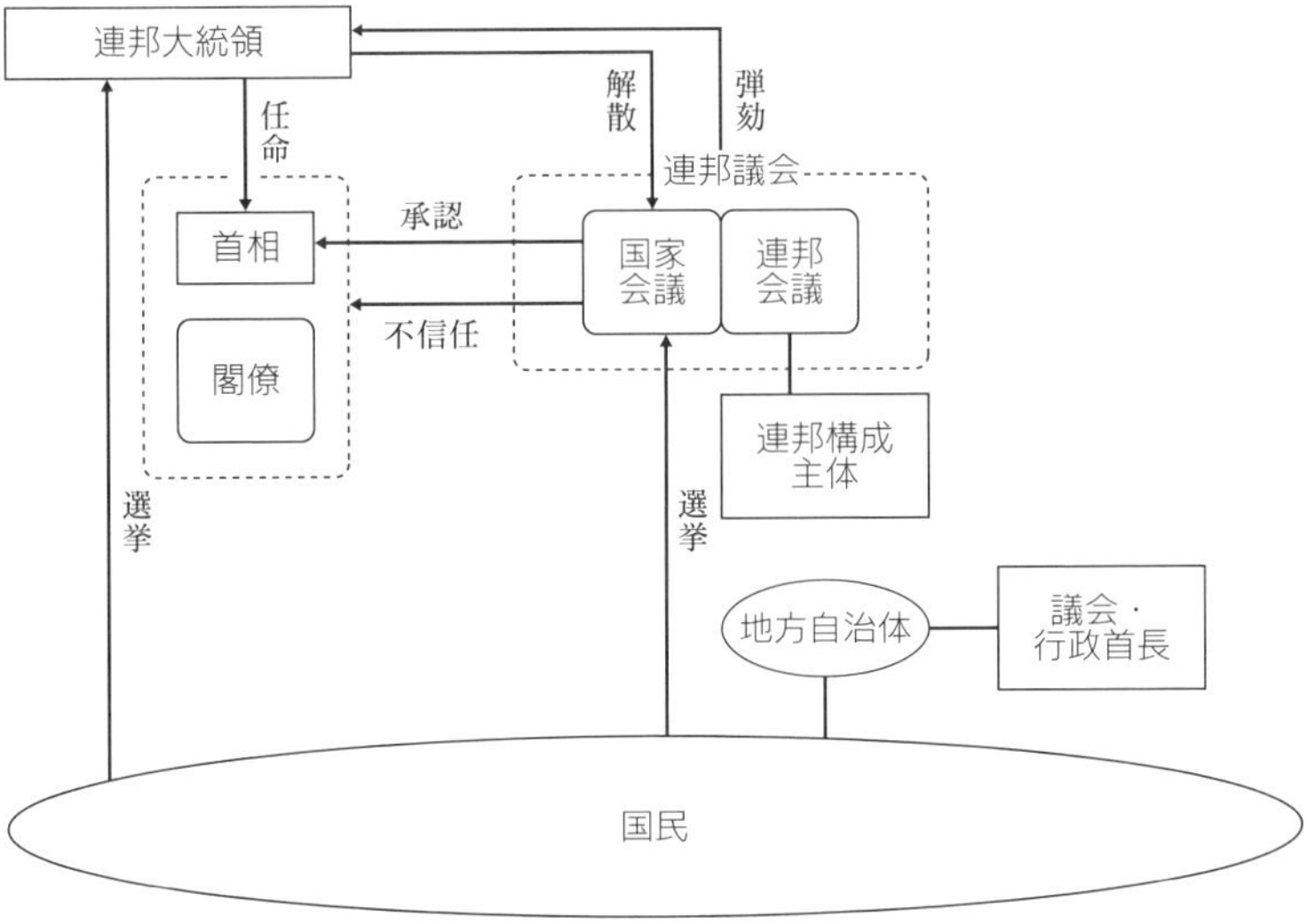

場合には、この点で議会の権限は十分ではない。まず法案の作成過程で、大統領は議会が採択した法案に拒否権を発動することができる。議会が大統領の拒否権を覆すには、連邦会議と国家会議のそれぞれの議員総数の三分の二以上で前の法案を再度承認しなければならない（第百七条）。議員総数の三分の二という条件はかなり厳しいので、議会と大統領の関係は対等とは言い難い。先に指摘したように、大統領令が残された点も、明らかに大統領優位を定めているのである。

以上をまとめて権力構造の概略を描くと、**図6**ようになる。

この図からも、新体制が、大統領と議会を選挙で選ぶという民主主義の基本を守りつつも、前者に強大な権限を与えていることがみてとれよう。民主主義の観点からすれば、大統領の強権は問題であるが、立法者はあえてそうした体制を選んだと考えねばならない。この体制では大統領に誰がなるかがきわめて大きな意味を持っている。

ところでここまで制度設計という観点から新体制の概要を説明してきたが、いうまでもなくどこの国の憲法体制でも、設計当時の目的がそのまま尊重され続けるわけではない。制度の運用の過程で、しばしばその時々の目的に対処するために制度の変更がなされるからである。ロシアの政治制度についても、そうした事態が考えられる。

実際、プーチン（一九五二－　）が大統領になると、制度変更の問題が論じられるようになった。特に注目されるのが、大統領と首相の関係をめぐるものである。ここでは、首相が議会で多数派を占める政党の支持を得てより自立的な存在に変わる場合と、大統領が首相を大臣中の第一人者にすぎない存在に変える場合が考えられる。前者はフランスの政治制度にさらに近寄ることを意味する。この場合には、対立する政党を代表する大統領と首相が、行政府の中に共存する状況も起こり得ることになる。逆に後者は、アメリカのそれに近いものに変わることを意味する。二〇〇四年夏の段階では、ロシアの政治評論家の多くは、プーチン大統領のもとで後者の方向へ進んでいると論じていた。

次節で述べるように、連邦制度もプーチン政権になって制度を変更する動きが起こっている。地方自治体の制度、行政府と経済界の関係などでも、ロシアの政治制度はさまざまな手直しや改革の波にさらされる兆候がみられる。こうした動きをすべて民主化と非民主化（独裁化）の二分法で説明することはできないが、近年までのロシアの政治的伝統を考えると、変更後の政治的帰結について注意深く見守る必要がある。

4 連邦制

一九九三年の憲法体制を考える際には、中央・地方関係にも目を向ける必要がある。ロシアは多民族国家であるため、この関係を規定する制度は日本に比べると複雑にならざるをえない。しかも、歴史編の終わりで触れたように、個々人の民族的アイデンティティが強調され、連邦の構成体（連邦共和国）が民族領土的に編成されていたので、少数民族の遠心的傾向が生まれやすかった。ロシア連邦に限定すれば、国民全体に占めるロシア人の割合がソ連のそれに比べてはるかに高いのであるが、それでもソ連時代の末には、ロシア連邦内の少数民族が中央からの自立を目指す動きを示した。

ロシアにおける遠心的運動が明瞭になったのは一九九〇年のことである。この年、ロシア連邦を構成していた自治共和国が次々に主権宣言を発した。この動きに連なるかたちで出てきたのが、チェチェン人の独立運動であった。一九九一年十月から十一月にかけて、当時チェチェノ＝イングーシ自治共和国と呼ばれた地域で、ロシアとソ連からの独立を唱えるチェチェン人の元ソ連軍少将ドゥダーエフ（一九四四－九六）が権力を掌握した。これに対して同国の中でもかなりの抵抗があり、イングーシ人はドゥダーエフに同調せず、十二月にロシア残留を希望し、後に別にイングーシ自治共和国を形成した。

チェチェン地域の治安は悪化したが、当時のロシア指導部はソ連からの独立に全精力を振り向けていたので、干渉しようとしなかった。ロシア連邦指導部が取ったのは、自治共和国に譲歩して、分離独立の動きを封じ込める政策であった。こうして一九九二年三月にロシア連邦条約が締結された。連邦当局と連邦構成体の間で結ばれたこの条約は、中央と連邦構成体の関係を対等とし、合意によって権限を分割するという連邦本来の考えを実現するものであった。こうしたエリツィン政府の行動は、中央の政治家の中に、構成体に譲歩しすぎだとする不満を引き起こした。

それ以上に問題であったのは、こうした連邦中央の譲歩にもかかわらず、チェチェン共和国とタタールスタン共和国が条約に参加しなかったことである。連邦中央は経済的圧力をかけたが、むしろ対立関係を深めるばかりであった。特にチェチェン共和国では、共和国内に相対する勢力が存在し、急速に武器が蓄積されていった。

一九九三年末に採択された連邦憲法は、こうした状況で連邦内の遠心的傾向を押さえることを一つの目的としていた。たとえば同憲法第四条は、「ロシア連邦憲法および連邦的法律は、ロシア連邦の全領域において最高性を有する」と規定した。また第五条は、連邦を構成する共和国は、地方、州、特別市、自治州、自治管区と同権の連邦構成主体だと定めた。つまり、共和国を特別扱いせず、州と同じレベルの行政単位だと明示したのである。さらに第七十七条は、第四条の規定を具体化して、「共和国、地方、州……の国家権力機関の体系は、ロシア連邦の憲法体制の原則ならびに連邦的法律の定める国家権力の代表制機関および執行機関の組織の一般的原則にしたがって、……構成主体が、独立してこれを定める」と規定した。共和国の自立性や独自性に歯止めをかけ、連邦の優位を確立することを目指したのである。

しかし他方で、この憲法を国民投票にかけて採択するためには、共和国などの連邦構成体の住民の賛成票が必要であった。そこで第十一条に「ロシア連邦の国家権力機関とロシア連邦の構成主体の国家権力機関の間の管轄事項および権限の区分は、この憲法、管轄事項および権限の区分に関する連邦条約、その他の条約によって、これを行なう」という条項が盛り込まれた。これは、連邦中央と連邦構成体の間で、権限分割について個別的な取り決めを結ぶことを認めるもので、明らかに後者に譲歩する抜け道を作るものであった。これにより、状況次第では、連邦中央は特定の構成体により良い待遇を与えることが可能となったのである。

実際に一九九四年二月にタタールスタン共和国との間で初めて権限区分条約が締結された時、連邦中央は、憲法では認められていなかった「主権」という言葉を許し、また経済的権限でも譲歩していた。これらを譲る代わりに、同国を連邦に組み入れることに成功したのである。しかし、ひとたび例外を認めると、他の共和国、そして共和国との同権を主張する州も同様の扱いを求めるようになった。結局、連邦中央は、「主権」という言葉こそ認めなかったが、かなりの数の構成体と、構成体領域内にある経済資源の分配で有利な取り扱いを許可する条約を締結した。バシコルトスタン共和国、サハ共和国などとの間で結ばれた権限区分条約がそれである。それは連邦体制をひじょうに不均質なものとした。

連邦中央は以上のような譲歩をする一方で、分離独立を目指すチェチェン共和国については強硬姿勢を取った。同国を通る石油パイプラインを支配するために、ドゥダーエフ政権を打倒する必要があったという説や、同国に大量の武器や非合法物資が蓄積されたため、ロシアの治安回復のために鎮圧が必要だったとする説、さらにはチェチェンにいったん独立を許せば、他の地域まで独立運動が拡大するので、エリツィンは強硬政策に訴えたとする説がある。真相は不明であるが、ともかく一九九四年末に連邦軍はチェチェンへの攻撃を開始し、激しい戦闘を繰り広げた（第一次チェチェン紛争）。結局、多数の犠牲者を出しながら連邦中央は目的を達することができず、一九九六年八月に停戦協定を締結した。これによって、チェチェンは事実上独立国の地位を獲得し、その地位についての最終的決定は五年後に行なうこととなった。

しかしこの状態も長くは続かず、一九九九年夏にモスクワで相次いで爆弾テロ事件が起こると、当時のプーチン首相は事件をチェチェン過激派の仕業だと断定し、停戦協定を破棄して武力侵攻を命じた。連邦側の攻撃は今度はチェチェン人の抵抗勢力を圧倒し、ともかくもこの地域を連邦体制に組み込むことに成功した（第二次チェチェン紛争）。しかしその代償は高く、この後、ロシア国内ではチェチェン人によるといわれるテロ事件が次々に起こった。二〇〇四年五月には、チェチェン共和国大統領に就任したばかりのカディロフが仕掛けられた爆弾で殺害された。

チェチェン紛争ほど流血の事態になることはなかったが、その他の地域でも中央－地方関係は不安定な状況が続いた。このために、いったんできた憲法体制の中で、次々に制度変更が重ねられた。そのうちもっとも重要なのが、連邦議会（上院）の改革である。

国家会議（下院）と異なり、連邦会議は各連邦構成体の代表機関と執行機関の代表一人ずつ、全部で一七八人で構成される。一九九三年の段階では、連邦構成体の大統領（もしくは知事）と連邦構成体の議会の議長が連邦会議議員を兼任することになっていた。このために、議員はそれぞれの地域での活動に追われて、連邦会議はソ連時代と同じくお飾り的存在になるのではないかといわれた。しかし実際には、各議員は地域に拠点を持つことによって、地域政治の政治ボスとなって影響力を発揮するようになった。たとえば連邦規模の選挙の際に票の取りまとめをする見返りに、連邦中央に対して地域の権限を増すように要求するような行動に出たのである。

そこで、二〇〇〇年に大統領になったプーチンは、連邦会議の構成を一部変更した。つまり、各地域の立法機関選出の議員と執行機関の長が任命する議員によって連邦会議を構成するように変更したのである。また彼は全国を七連邦管区に分けて、そこに大統領直属の全権代表を任命し、連邦構成体で採択された法律などが連邦憲法に適合しているか否かチェックする権限を与えた。これらの措置によって、上院議員の影響力はかなり弱くなった。

しかしそうであるからといって、すでに連邦制による地域権力の自治を経験した地域エリートが、連邦制を手放したとみることはできない。連邦中央のアメとムチの行使に対して、連邦構成体はそれぞれの地域で立法権を持っている。中央は、選挙の際の集票のためにも、現地の政治家の助けを必要としている。こうして、連邦権力の直接的な影響力が及ばない領域が生じている（二〇〇四年以降の連邦制の変更については、「10 プーチン時代の内政」に記したのでそちらを参照）。

最後に、新憲法体制の導入で、民族的アイデンティティを重視する政策が廃止された事実にも注意を向ける必要がある。憲法第二十六条は「各人は、みずからの民族的帰属を自由に決定し、表明することができる。何人も、その民族的帰属の決定および表明を強制されることはない」と規定しているのである。これにより一九九七年から民族的帰属を書く欄がない、新しい形式の身分証明書（国内パスポート）が発行されるようになった。

もちろんこうした変更によって、連邦全体で民族的文化や言語を守る政策が放棄されたわけではない。憲法は各共和国において、その国語を定めることができ、またその国家機関や国家施設においてそれをロシア語とともに使用することができると規定した（第六十八条）。また、個々の市民の民族的文化を守るために、一九九六年に民族的文化的自治団体を結成することが可能となった。連邦制は、こうした細かな法律や規則と分かち難く結びつくことで、多民族国家を統合する機能を果たしているのである。

5　選挙と政党

新憲法が施行されたことにより、政治過程は大きく変化した。ソ連時代には、政治は一般の人にみえないところでなされた。ゴルバチョフの時代には、市民の政治参加が急激に増大し、比喩的にいえば、街頭で集会がなされているのを横目でみながら、政治的決定がなされた。一九九三年憲法体制の下では、政治過程ははるかに安定し、政策の多くが大統領府や議会における意見の応酬の中から生み出されるようになった。こうした変化をもっともよく示すのが政治主体の活動である。そこでまず個人的政治主体の活動として選挙を取り上げ、次に集団的主体として政党の活動をみてみよう。

個人的主体としての市民の政治活動は、言論や集会の自由が憲法によって保障されたことにより現実化した。市民の政治活動の中には示威行動もあるが、基本的に選挙権の行使に限定されている。そこでここでは、新体制の導入から十年間の選挙結果をみてみよう。

図7は、選挙の内容とその時の投票率である（連邦会議は第一回のみ全国一斉選挙で代表を選出したが、その後は別の方法で選ばれている）。

ここで示された投票率はけっして高いとはいえない。一九九〇年三月のロシア共和国人民代議員選挙の時は七七％、翌九一年六月のロシア共和国大統領の時は七四・七％であったので、投票率はその時に比べ低下している。しかしロシア市民は、その時々の政治状況に敏感に反応して、棄権も含めて意思表示してきたことは確かで

図７　選挙の内容と投票率の推移

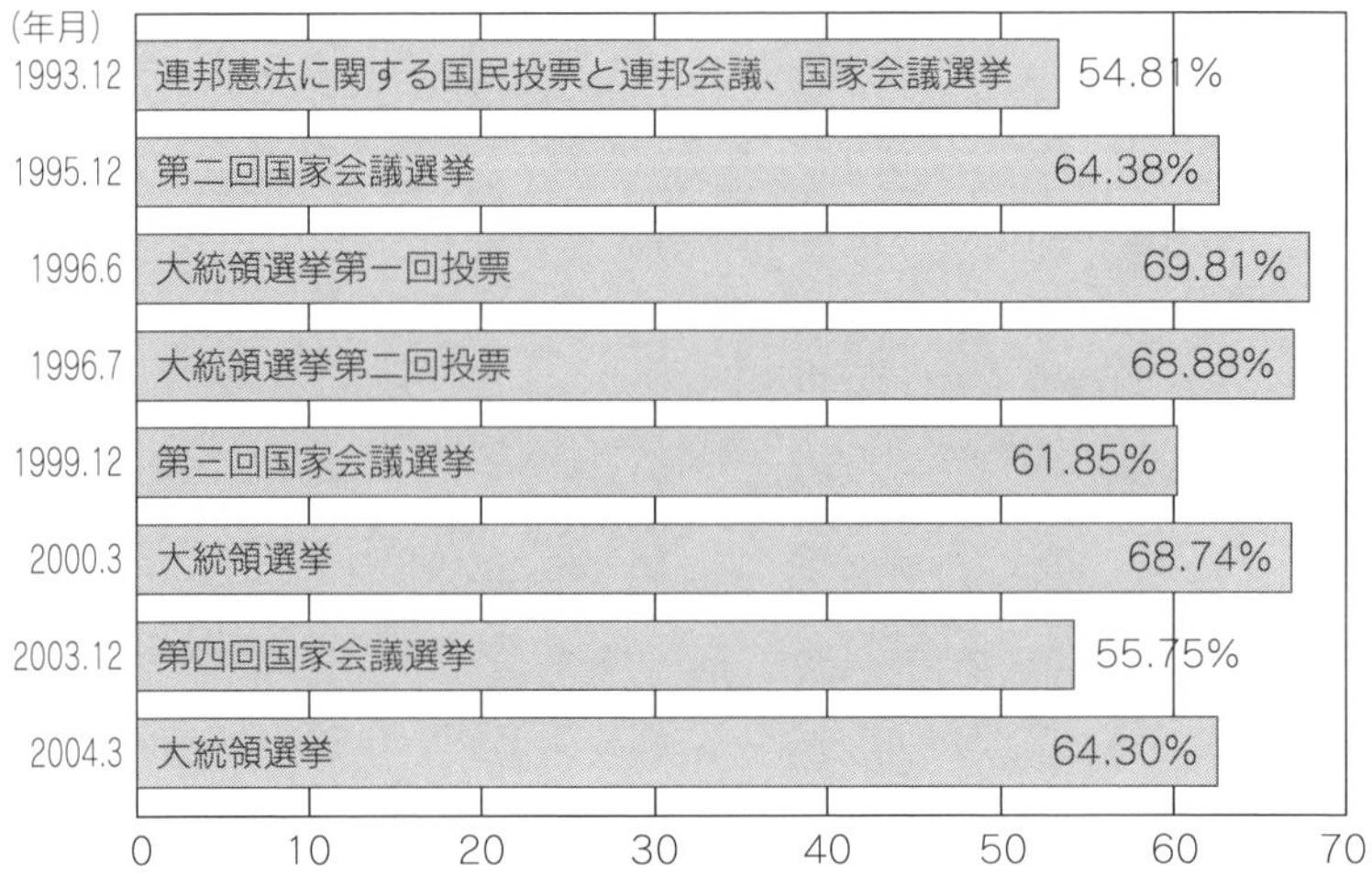

典拠：上野俊彦『ポスト共産主義ロシアの政治』（日本国際問題研究所、2001）p.151、
http://gd2003.cikrf.ru/ のロシア連邦選挙管理委員会ホームページなど。

ある。たとえば、エリツィン大統領が議会勢力を武力で鎮圧した直後の一九九三年の選挙では、彼の支持者のかなりの者が棄権したものと思われる。投票率の低さがそのことを示している。この時には過激なナショナリズムを説くジリノフスキー（一九四六ー　）のロシア自由民主党が大躍進した。同様に低い投票率であった二〇〇三年の議会選挙では、プーチン大統領支持政党（統一ロシア）が選挙前からかなり強権的に組織固めを行なったために、国民は争点が乏しいとみて選挙に関心を示さなかったものと考えられる。

　選挙については、政権側が自己に都合の良いかたちで選挙キャンペーンを行なってきたという批判がある。たとえばテレビを利用した宣伝では、明らかに政権側の候補はいつもその地位を利用して法外に長く広告放送を流してきた。しかし議会選挙の結果は、政権与党側の敗北を示すことが多かった（二〇〇三年の議会選挙で初めて与党勢力が圧勝した）。こうした結果、実施にあたってかなりの問題があったにせよ、全体として国民の多くは選挙の結果を国民の意思の反映と受けとめてきたといえよう。

以上の連邦レベルの他にも、ロシア市民は、連邦構成体（州、地方、共和国など）の議会、知事（共和国の場合には、大統領と呼ばれる）、市町村の議会議員、および行政府の長を選挙している。もっとも市長や村長などの長は、かならずしも住民の直接選挙による必要はなく、地方自治体によっては議会が選出する場合もある。

次に政党の活動はどうであろうか。この点を考えるためには、選挙の規則と選挙結果をより詳しくみる必要がある。

選挙法に拠れば、国家会議は議員の半数（二二五名）は小選挙区制によって、残りの二二五名は全国一区の比例代表制によって選出されることになっている。比例代表制では経験的に少数政党が乱立するので、ロシアでは全投票数の五％以上の得票をした政党に二二五の議席を比例配分することにしている。当然、政党はこの足切り条項をクリアするために、多数派工作を行なってきた。一九九三年の選挙で五％以上の得票をしたのは、ロシア自由民主党（以下、自民党と書く）、ロシアの選択、ロシア共産党、ロシア農業党、ロシアの女性、ヤーブロコ（これはヤブリンスキーなど指導者の名前の頭文字をとって命名された政党）、ロシア統一合意党、ロシア民主党の八つであった。また、十年後の二〇〇三年の選挙では、統一ロシア、共産党、自民党、母国という政党・選挙ブロックの四つであった。

重要なことは、二〇〇三年の選挙で得票が五％近くまで達していた政党の中に、一九九三年の選挙で活躍したロシアの選択も、ロシアの女性も、ロシア統一合意党も、ロシア民主党も存在しなかったという問題である。政党・選挙ブロックはこの間、改組を繰り返してきたのである。短命のものは、一つの選挙から次の選挙まで続かなかった。しかもこの傾向は政権与党の側に顕著なのである。これでは、国民の意見を集約し、それを政策として提示し、そのことによって国民の意見を構造化していくという、政党本来の活動を行なうことができない。ここにロシアの政治の大きな問題がある。

多数の政党が選挙で競うようになったといっても、以上のように政党の発達が不十分な状況では、国民はなかなか政治に関与することができない。特に政権与党は、選挙の時に国民を動員するために機能するだけで、本来果たすべき、政策を通じて国民を国政に結びつける機能を果たせず、ふだんの国民生活ではほとんど意識されない存在となっている。

ロシアで政党らしい政党といえばロシア共産党である。同党は旧ソ連共産党の組織力を引き継いだために例外的に全国的な組織を持っている。しかし、共産党の政策方針はまだロシア連邦の体制を根本から変革する選択肢を放棄しておらず、同党の健闘はそのまま政党政治の定着とはみなし難い。また、ジリノフスキー党首の人目を引くパフォーマンスで注目された自民党は、共産党と政府与党の双方に飽き足らない国民の支持を集めて健在であるが、組織化という課題には応えていない。最後に、リベラル勢力（ヤーブロコや右派勢力同盟など）の政党は、全国にみずからの組織を維持するだけの経済力に欠けており、基本的に都市のインテリの集まりという性格を脱していない。経済の発展と中産階級の出現が、こうしたリベラル政党が勢力を増すためには不可欠なのかもしれない。二〇〇一年の政党法は、二〇〇七年から下院の比例代表制による議席獲得は七％以上の票を得たものと規定した。これにより、ますます組織力のない政党の出現は困難となった。

6　大統領と立法過程

次に政治主体としての大統領をみてみよう。ロシアの大統領の権限が大きいことは、「エリツィン（ボリス）王朝」とか「ツァーリ・プーチン」とかといった言葉がロシアの新聞に現れたことからも推測されよう。しかし、こうした比喩は明確な輪郭を示さない。この問題では、制度の中で大統領の権力が機能する実態をみる必要がある。

憲法第八十四条は、大統領の活動として、国家会議の選挙を公示し、憲法に従って解散し、国民投票を公示することの他に、法律を発議し、連邦法に署名し、内外政策に関する大統領教書を議会に提出することと定めている。ここからわかるように、大統領にひじょうに多様な仕事が託されている。大統領一人ではとてもこれだけの仕事をこなすことができないので、アメリカの大統領と同じくロシアの大統領も、数千人のスタッフが詰める大統領府を擁している。

ソ連時代には、ソ連共産党書記長は同じように膨大なスタッフを共産党中央委員会書記局として抱えていた。書記局と大統領府は、強力な支配者の黒子という意味ではよく似ている。しかしソ連時代の書記局の部局名と現在の大統領府の局名を比較するとかなり異なり、両者の仕事の内容は同じとはいえない。

大統領と書記長の活動は、立法過程におけるその役割において明瞭に異なる。エリツィンが大統領の時には議会では野党勢力が優勢であったので、大統領・政府提出の法案はなかなか採択されなかった。プーチン大統領の時には議会は与党優勢になったが、それでも二〇〇〇年代の初めには、大統領側の法案は多くの抵抗を受けた。ソ連時代の議会は立法過程を通じて書記長に抵抗することなどなかったので、これは質的に異なる状況だった。

それでは具体的に、連邦議会ではどのように法律案を審議し、法律として生み出しているのであろうか。憲法第百四条は、立法発議権を大統領、連邦会議と連邦会議の議員、国家会議の議員、政府、連邦の構成主体の立法(代表)機関に与えている。

こうした政治主体から発議された法案は、国家会議(下院)で審議・議決される。ここでは、日本の国会とは異なり、関連する委員会での審議・承認と全体会議での審議・採択を、法案に応じて二度から四度行なう。こうして繰り返す全体会議は、最初のものを第一読会、二度目のものを第二読会、三度目のものを第三読会と呼ぶ。第一読会では法案の概要と必要性などを審議し、第二読会では法案原文を審議し、第三読会では細部について審議するのが通常の手続きである。予算案では第四読会まで行なわれたことがあるが、法案によっては第二読会における採択で国家会議の活動を終了し、連邦会議(上院)に送付する場合もある。

連邦会議は送られてきた法案を承認するか、否認するかの判断を下す。ここで否決されても、ふたたび国家会議が議員総数の三分の二以上で採択すると法案は採択される。つまり法案の採択では、国家会議が優先権を持つのである。ただし連邦予算や連邦税、連邦の条約などは連邦会議で必ず審議されねばならない(憲法第百五条、第百六条)。

連邦会議で採択された法案は大統領に送付され、その署名によって初めて法律となる。このように、立法過程はかなりの労力を要する作業なのである。議会の機能分析をした皆川修吾によれば、たとえば、土地法典は次のような過程を経た。

①二〇〇〇年春にプーチンは、議会に送った大統領教書で土地法典の成立を優先課題として強調した。
②二〇〇一年四月二十六日に政府は国家会議へ土地法典法案を提出。
③六月十五日の第一読会で採択（賛成二五一、反対二二、棄権三）。
④七月十四日の第二読会で採択（賛成二五三、反対一五二、棄権六）。
⑤九月二十日での第三読会で採択（賛成二五七、反対一五五、棄権一）。
⑥十月十日の連邦会議では、連邦構成体の執行部代表で表決（賛成六一、反対五、棄権五）と立法府代表で表決（賛成四三、反対二四、棄権四）。

第一読会で表決の総数が少ないのは、共産党と農工代議員グループ（議会内の会派の一つ）が表決に参加しなかったからである。以上からわかるように、プーチンはこの法律の制定に二年近い年月を要した。この期間、彼は国家会議議長に協力を要請し、何度も会派代表に説明して協力を求めた。他方、反対会派は、院内で抵抗したばかりか、マスコミを利用して、外国資本に国土を売るなと呼びかけた（皆川修吾『ロシア連邦議会』渓水社、二〇〇二年）。

この法典によって、ロシアの土地は工業用地について自由な売買をすることができるようになった。しかし野党勢力の訴えが功を奏したのか、連邦構成体の議会はこの法典の遂行に必要な立法をなかなか行なわず、一年経ってもごくわずかな構成体しか立法措置を講じなかったので、現実には土地法典が機能しない地域も生じたのである。

同様に、プーチン大統領は社会主義時代から続くロシアの慣行を改めるために多くのエネルギーを費やした。その象徴的な案件が家賃・公共料金の利用者負担問題である。ソ連時代には住宅は一定の勤労時間の対価として無料で国民に利用権が与えられた。その際、利用権を得た者は、暖房、ガス、電気、水道、下水道、清掃、住宅管理などの必要費用のごく一部を支払うだけであった。国がほぼ丸抱えで、国民の生活を保障しようとしたのである（その結果、国庫に負担がかかり、多くの人が住宅の引き渡しを長い間待つ状態になった）。

この状態は一九九二年の私有化の実施とともに大きく変化した。市民は、居住中の住居については、それが一定面積以下であれば、無料で私有にすることを許された（それ以上の面積については有償とされた）。しかし住宅の無料引き渡しは、当然、上記の必要経費の利用者負担の問題を提起した。こうして一九九二年十二月に連邦住宅政策大綱法が採択され、今後五年間に上記の住宅・公共サービスの経費を全額負担にすると定められた。しかしその後の経済状態の悪化で、この法律は事実上棚上げとなった。

その後、プーチンが大統領になるまで、住宅・公共サービスは悪化の一途をたどった。居住者の支払いと社会主義時代からの公的支出を合わせても管理費用を賄うことができず、しかも公的支出額は年を追って増えていったのである。そこでプーチンは二〇〇一年二月に、住宅・公共サービスの改革を促進する必要があると言明し、この問題に着手した。しかし改革は基本的に居住者に負担させる方向で行なわざるをえず、遅々として進まなかった。二〇〇三年四月に住宅・公共サービス関連法が国家会議で採択されたが、それはあくまで住宅・公共サービスの料金の基準や、低所得者に対する特典を定めるものでしかなかった。国民経済の改善と、それに伴う国民の負担能力の向上に期待が託されたのである。

以上から明らかなように、大統領の権限は強大であるといっても、制度を変えるには基本的に議会での立法を必要としている。この事実は、ソ連時代の書記長が自身のイニシャティヴで強引に社会を変化させるためにふるった権力と、ロシア連邦の大統領が持つそれが質的に異なることを示している（二〇〇〇年以降の大統領の活動については、「**10** プーチン時代の内政」を参照）。

7 マスメディア

政治が民主化したところではどこでも、マスメディアは世論と結びつき、政治主体として大きな影響力を発揮する。ソ連時代には、共産党の幹部はこの事実を重視し、メディアを全面的に管理しようとした。具体的にいうと、新聞と雑誌は国家出版委員会によって、ラジオとテレビは国家テレビ・ラジオ委員会によって監視されていった。一九七〇年代に『ニューヨーク・タイムズ』紙のモスクワ特派員として活動したヘドリック・スミスの次のような言葉は、この結果生じた状況をよく示している。

「だが、私がもっと面白いと思ったのは、これよりはるかに危険性の少ないとみられる情報が禁止されていることだった。たとえば、犯罪発生件数と検挙件数、カギっ子の数、浮浪者や乞食の数、コレラ、伝染病、アルコール中毒の患者数、職業上の中毒と病気など、火事や地震の死傷者数とその被害状況、運動選手がトレーニング・キャンプで過ごす日数と彼らの給与率、ならびに好成績をあげた場合の〝ボーナス率〟、予算、運営費、チーム関係者の名前などである。ソビエトの新聞をある程度の期間読んだ人なら誰でも、この〝べからず〟集に、追加することができる。たとえば共同アパート居住者の全国統計、退職者と新雇用者との比率、職業婦人の進出状況、海外旅行者の数……ソビエト・エリートの実際の所得能力（給与、ボーナス、賞、その他の臨時収入を含む）、ソビエトの各地方間の所得や生活水準の格差比較（シベリアのジャーナリストの話では、〝この数字を見て不利だと感ずる人が出るといけない〟という理由で、わざわざ禁止リストに入っているという）、……病院のベッド数と入院希望者の比率、サナトリウムの部屋数、ソビエト社会における各階層間や民族間の意識……等、枚挙に暇がない。」（ヘドリック・スミス『ロシア人』高田正純訳、時事通信社、一九八五年）

ソ連時代は、これほど情報が統制されていたのである。この状態に劇的変化をもたらしたのがゴルバチョフの改革であった。一九九〇年にはソ連マスメディア法が制定され、言論の自由と検閲の禁止を定めた。ソ連からロシアに変わっても、この民主的状況は変わらず、一九九三年憲法も第二十九条でマスメディアの自由と検閲の禁止をうたった。こうしてマスメディアは「第四の権力」に育つかにみえた。

しかし、マスメディアの自由な活動には、それを支える経済的基盤が不可欠であり、ここでロシアのマスメディアは大きな問題に直面した。市場経済化は進んでも、マスメディアを支える良質の広告主がすぐに現れるわけではなかった。新聞や雑誌に携わる者たちは、国家から活動費を受け取りつつ、国家権力の腐敗や問題を批判することが可能だと考えていた。しかし次第にその活動費が届かなくなった。こうした状態に置かれると、一部のジャーナリストはお金をもらって記事を書く「請負記事」に手を染めたり、あるいはメディアを政治的に利用しようとしたりした。

特に一九九六年の大統領選挙の際には、エリツィン側がテレビを利用した大規模な宣伝を行ない、メディアと政治の癒着が深まった。新興財閥ベレゾフスキー（一九四六－二〇一三）が支配するロシア公共テレビ（ORT）と、同じく新興財閥グシンスキー（一九五二－　）の支配する独立テレビ（NTV）はエリツィンの大統領再選のために放送の中立性を無視した報道を行なった。彼らが選挙の後に政治的ポストを得たり、経済的利権を獲得したりしたのは、こうした「貢献」が評価されたからだといわれている。

表3　全国レベルの新聞の発行状況

時期	発行種類数	1回あたり発行部数	年間総発行部数
1990年	43種	10,810,000部	27,040,247,000部
1998年	245種	32,914,000部	2,260,732,000部
1999年	286種	36,429,000部	2,187,388,000部
2000年	333種	39,199,000部	2,034,399,000部
2001年	238種	23,039,800部	1,297,723,700部

典拠：『祖国雑記』(ロシア語)、2003年第4号、103ページ

マスメディアはこうした活動を続けつつも、基本的に弱い経済的基盤に悩まねばならなかった。新聞については、次のような表を見ればこの点が確認できよう。

表3を見ると、一九九〇年以前と比べると、一九九〇年代後半以降は、新聞は種類が増えたにもかかわらず、部数が激減したことがわかる。一紙あたりの発行部数はきわめて低く、たとえばインテリ向けの全国紙として定評のある『イズヴェスチヤ』紙は、一回あたりの発行部数が二〇万から三〇万部になった。大衆紙の中で健闘している『モスコーフスキー・コムソモーレッツ』紙でも、二十一世紀初頭の時点で発行部数は二〇〇万部弱でしかない。発行部数の少なさは広告収入で埋め合わせねばならないが、それも容易ではないのである。

財政的にみるとテレビも変わらず、特に一九九八年に金融危機が起こると、あおりを食って広告主が激減した。これによって、一九九〇年代半ばから相次いで発足したテレビ局はいずれも多額の負債を抱えるようになった。プーチンが中央政局に登場したのは、ちょうどテレビ業界がこうした苦境に陥ったときであった。

事態の打開を図ろうとした新興財閥は、一九九九年の国家会議選挙と二〇〇〇年の大統領選挙を利用しようとした。こうして一九九九年十月にプーチ

表４　広告市場の規模の推移

広告媒体	2000年	2001年	2002年	2003年
テレビ	270	510	900	1210
ラジオ	50	70	90	115
新聞	240	310	380	445
雑誌	100	160	220	300
上記以外の媒体を含む広告総額	825	1325	1990	2630

単位：100万ドル
典拠：『コンメルサント・ヴラスチ』（ロシアの新聞）2004年８月９日号

ンとグシンスキーの会談がなされ、グシンスキーはＯＲＴと同じく、ＮＴＶに対しても国家が援助を与えるよう求めた。彼がそのとき示したのが、国家の援助の代わりに、政府与党とプーチンを支援する報道を行なうという条件であったといわれている。結局、この会談は不調に終わったけれども、翌年の大統領選挙でプーチンは権力に就いた。彼はすぐに危険人物とみなしたグシンスキーを追い詰めていった。ＮＴＶの株式はグシンスキー支配のグループからガスプロム・メディアという会社に移り、グシンスキー自身は二〇〇〇年六月に国家資産の詐欺罪で逮捕され、その後釈放されてイスラエルに出国した。

他方ベレゾフスキーは、一九九九年まではエリツィン政権の支持者としてプーチンを支持したが、プーチン政権が誕生すると、対立状態となり、有力チャンネルであるＯＲＴを通じて批判を強めていった。しかしその戦いも長くは続かず、彼も検察の取り調べを受けた後の二〇〇〇年九月に出国した。ベレゾフスキーが持つＯＲＴの株式は二〇〇一年に別の財閥に買い取られた。ベレゾフスキーは二〇〇三年にはイギリス政府から政治亡命を認められ、国外からプーチンの言論弾圧を非難している。この間ＯＲＴは第一チャンネルと名前を変更した。

こうして、マスメディアにはふたたび言論の自由で悩む時期が訪れた。

しかし、これでロシアのマスメディアがソ連時代と同じ状況に陥ったとみるのは正しくない。

第一に、現在のマスメディアは市場経済の中に置かれており、ソ連時代のように国家権力と一体ではない。たしかに二〇〇五年までに、全国に放送を流している三大テレビ局（ロシア、第一チャンネル、NTV）は厳しい統制下に置かれ、そこから放送されるニュースは政権や政策を批判することがなくなった。だが、これらの局が第一に目指しているのは高い視聴率の確保であり、そのために政治性よりも娯楽性の高い番組の提供を優先している。これはソ連時代にはありえないことだった。現在では、テレビに気晴らしを求める大多数の国民はテレビの娯楽性重視の傾向に満足し、政権による三大テレビ局の統制を言論の自由の侵害とは受けとめていないのである。

なお、プーチンが大統領に復帰した二〇一二年時点では、たとえばREN-TVという中規模のテレビ局やケーブル・テレビの「ドーシュチ」という小テレビ局が、政権を批判する勢力にも目を配った、その意味で中立的なニュースを視聴者に提供していた。しかし、その後、これらの局は財政的に追い詰められ、次第に活動を縮小している。

第二に、活字メディア（新聞、雑誌など）は全体として社会的影響力を失っていったが、それでも一部の高級紙や雑誌は客観的で自立的な編集姿勢を保とうとしている。

第三に、二〇〇五年頃からロシアでも急速にソーシャル・メディアが社会の中に広がり、ニュースの供給母体としてマスメディアと競合するようになった。インターネットを利用する人びとは、外国の報道機関が流すニュースにも触れており、全体として三大テレビの視聴者と異なるロシア・イメージを持っているとみられる。ロシアでは二〇一二年頃に、およそ国民の五人に一人がソーシャル・メディアでニュースを得るようになった。

こうしたソーシャル・メディアの状況に対して、政権側の対応はしばらく揺れ動いた。しかし、二〇一一年末から翌年春にかけて不正投票に対する抗議運動が広がると、一段と厳しいメディア統制に向かった。プーチン政権は危機感を抱いたようである。規制の動きは、二〇一四年初頭からのウクライナ危機でさらに強まった。政権側は国際的緊張を理由にして、報道内容ばかりか、ソーシャル・メディアによる情報の交換にまで監視や取り締まりを及ぼそうとしている。ジャーナリストの活動とともにメディア規制の動きを見守る必要がある。

8　地方自治体レベルの政治

以上では、主として連邦レベルの政治過程を扱ってきたが、もちろん、連邦構成体の下のレベルでも政治過程は進行している。ロシアでは、連邦構成体の中の地区（ライオン）、市、町、村などでなされる自治を地方自治と呼ぶ。

ソ連時代にはこのレベルの政治は外国研究者には閉ざされていた。あえて知ろうとすれば、文学作品などから類推する以外になかった。たとえばソルジェニーツィン（一九一八－二〇〇八）の小説『公共のためには』（一九六三年発表）は、こうしたソ連時代の地方レベルの政治の一端を示している。この小説は、生徒が労働奉仕をしてまで必要としていた技術学校の建物が、完成を目前にして科学研究所として没収される過程を描いている。事の成り行きに納得できない校長は、彼のかつての戦友で、今は市の共産党委員会書記を務める人物に助けを求める。すると、事情に通じた書記は次のように説明するのである。

「政府決定というやつはだね。会議の二、三日前に担当の閣僚か委員会の議長が副首相のうちのだれかと会見する。閣僚は用件の書類をもって報告にやってくる。そしてその報告のなかで『この研究所はご承知のとおり最重要なものでありますが、これはこれこれの市に設置することに決定いたしました。そこには折よく建物も準備されておりますので』と説明するわけだ。……許可をおろす前に副首相はもう一度『ところで、［共産党…引用者］州委員会のほうは異議ないんだろうね？』と念をいれるのさ。いいかね、州委員会だよ！……」「こんな問題は現地で処理するようにというわけで、州委員会が全権を握ることになるんだ」（『ソルジェニーツィン短編集』木村浩訳、岩波文庫、一九八七年）

このように、ソルジェニーツィンは、市以下のレベルの政治では、現地の共産党州委員会、中でもそのボスの第一書記が独裁的な力を持つと地方の状況を説明した。

ゴルバチョフの改革が始まり、一九九一年七月にロシア共和国地方自治体法が制定されて、この状況は大きく揺さぶられた。初めて各自治体に、実際に機能することを予定された代表機関と執行機関が設置されたのである。しかし新制度は根づくまで維持されず、一九九三年秋の大統領と人民代議員大会－最高会議の対立が暴力的に解決される過程で、多くの地方自治体で代表機関（議会）が中央と同じように機能停止した。

その後に制定された憲法と一九九五年に制定された連邦法「ロシア連邦の地方自治の組織の一般原則について」では、地方自治体を国家機関から切り離すことが定められた。後者の第一条に従えば、「地方自治とは、地方的意義の問題の決定権を付与された、国家権力機関のシステムを構成しない、選挙制その他の機関である」と規定されたのである。その意味は、連邦構成体の下のレベルの政治については、市なり、町なりに住む住民の直接的な創意を尊重し、中央の政治と切り離すというものであった。これにより、厳密にいえば、連邦構成体の中には市レベルにのみ自治体を作る場合と、地区のレベル、その下の市町村のレベルの双方に自治体を作る場合が並列するかたちで自治が導入された。

問題は、同法第五十八条が、法律の施行後十六カ月以内に、地方自治体における代表機関と選挙職の公務員の選挙を実施することと定めたことである。これによって、地方自治体レベルの政治がいっきょに動き出したのである。というのも、連邦構成体の長（州知事や共和国の大統領）からすれば、自分の管轄地域に自立的な政治単位が出現する可能性が生じたからである。特に州や共和国内の中心都市は人口も多く、人材も豊富であるので、そこで出現する自立的な政治的単位（市長、市議会など）は、州知事や共和国大統領の権力基盤に影響を与えると考えられた（エリツィンの目的は最初からそこにあり、州知事や共和国大統領の権限を抑制しようとしたという説もある）。こうして、地方自治体レベルの選挙は、連邦大統領、州知事（共和国大統領）、州議会、さらにマスメディア、企業などを巻き込む出来事となった。同様の状況は沿海地方やニジニー・ノヴゴロド州など各地でみられた。これは冒頭のソルジェニーツィンの小説からもうかがえるように、社会主義時代には地方行政が極度に中央集権下されていたからである。

地方自治を根づかせようとする試みがまず直面したのは、その財政基盤を確保するという問題だった。一九九五年の連邦法制定段階で存在した約一万二〇〇〇の地方自治体のうち、国家機関からの補助金なしに活動していた地方自治体は四〇〇ほどにすぎなかった。しかも、社会主義時代には、地域の住宅問題全般や、幼稚園、図書館、スポーツ施設の運営といった公共サービスは、しばしばその地域にある企業が費用を負担していた（シェフストヴォと呼ばれた）。企業の私有化でこうした負担が放棄されると、その部分のサービスは地方自治体に移管されるようになる。このために、大企業があった企業城下町（多くは単一の国営企業が支配する市）でも、地方自治体が地域の公共サービスを行なうためには、その財政基盤の確立が不可欠になった。

このため、プーチン政権は二〇〇〇年に登場するとすぐに、地方自治制度の改革に取り組むことになった。こうして、二〇〇三年一〇月に制定されたのが「ロシア連邦の地方自治の組織の一般原則について」という連邦法である。これは、名称は一九九五年のそれと同じだが、内容は異なるものだった。これにより、地方自治体の構成と財源の問題はかなり明瞭になった。

図８　地方自治体の収入の概要

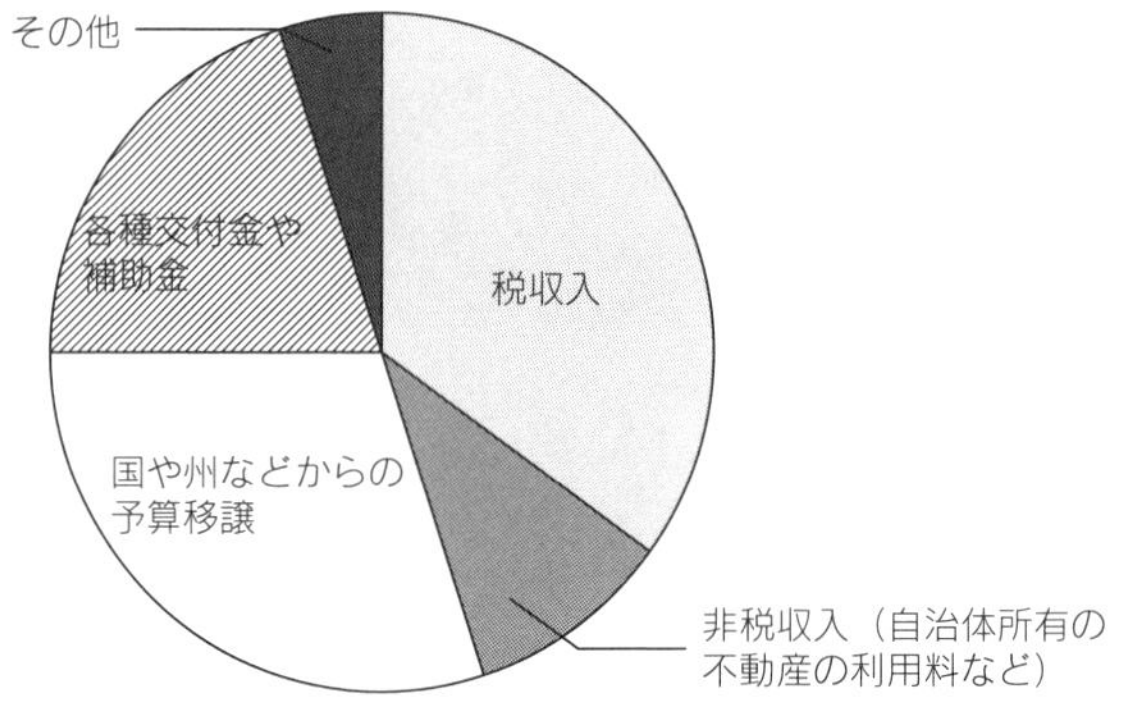

出典：Turgel I. D, New Local Self-Government Reform in Russia, http://unpan1.un.org/intradoc/groups/public/documents/nispacee/unpan045243.pdf および『地方自治百科事典』（ロシア語、モスクワ、2008）、227-233，244-246ページ

まず構成では、地方自治体は連邦構成市（モスクワとサンクト・ペテルブルク）内自治地域、市管区、自治区に分けられ、さらに自治区は小都市居住区と農村居住区に分けられた。これにより全国に二万五〇〇〇ほどの地方自治体が誕生した。

第二に、財政面でも税収入などが明確にされた。その後に採択された改正予算法の結果なども付け加えると、地方自治体の収入は**図8**のようになった。このうち、税収入とは個人の所得税や土地税が主なもので、国や州などからの予算移譲とは、連邦中央や連邦構成主体が、公共サービスや権限の委任とともに地方自治体に移譲する資金のことである。全体としてみれば、改正によって地方自治体に与えられる財源（税収入と非税収入）がかなり減らされたために、大半の地方自治体は連邦中央や連邦構成主体に資金面で従属するようになった。これに伴うようにして、地方自治体の首長を住民が直接的に選挙する機会が減っていった。こうして、地域によって大きな違いがあるが、概していえば、社会の基層部分に地域自治を根づかせる動きは勢いを失った。

9　司法と保安機関

次に、司法と政治権力の関係をみておこう。一般的にいえば、司法権は統治を法的に支える機能と、憲法や法律に従って行政府や立法府の活動を、監視・是正する機能を持つ。ソ連時代は明らかに前者が重視された。共産党の指導的地位を認めるということは、究極的には法秩序に関わる機関（検察、警察、司法省、保安機関、そして裁判所）が、他の国家機関や社会団体と同じく、共産党指導部の進める政策に従う（もしくはそれを支える）ことを意味したからである。

ゴルバチョフの改革以来、司法が果たす後者の機能が重視されるようになった。具体的には、一九九〇年に共産党と国家の一体性が否定され、さらに、スターリン時代に恐怖政治の犠牲となった人びとの権利を復活するという大統領令が出された。こうして、司法改革と呼ばれる一連の改革が始まったのである。一九九一年には憲法裁判所法が、翌年には検察庁法が、さらに一九九三年には「市民の権利・自由を侵害する行為および決定に対する裁判所への不服申し立てについての法律」が制定された。

こうした改革は目覚ましいものであった。特に注目されるのは、憲法裁判所が法律の憲法適合性を審査するようになったことである。これによって、少なくとも法律的には、連邦構成体の権限や一般市民の権利や自由が、連邦機関によって侵害されたと考えるとき、連邦構成体の機関はもちろん、一般の市民も、憲法裁判所に不服申し立てをすることが可能となったのである。

しかしこのような改革にもかかわらず、まだ多くの問題が残されている。第一に、先に述べた大統領と人民代議員大会－最高会議との対立から生じた大統領優位の憲法体制の問題がある。第二に、大規模な経済・社会変革とともに生じた凶悪犯罪の激増の問題がある。国民の多くは治安維持機関の権限の限定よりも、そうした機関による社会秩序の回復に今日の課題をみているのである。第三に、これまでの改革と憲法体制の変更にもかかわらず、ソ連時代の統治優先の考え方がなおも官僚ばかりか政治家たちに根強く支持されているのである。最後の問題では、社会の意識が大きな意味を持つ。

第一の点の事例として挙げられるのは、大統領の地位の問題である。一九九三年憲法体制では、大統領は行政機関の長として立法府、司法府と平等な位置にあるのではない。憲法第八十条の規定に従えば、大統領は憲法と人権および自由の保証人として、三権の上に立つ存在なのである。これはすでに述べた憲法体制の成立過程に原因を有するが、同時に、ロシアの歴史的伝統を踏襲している。大統領が政府を編成する権限を持ち、また大統領が連邦保安庁のような治安維持機関を実質的に支配している状況を考えると、この点は法治国家として深刻な問題である。今後、大統領の機能を元首のそれに限り、政府（首相）の権限を強める方向に変化すればこの問題は解消されるが、それが実現困難であるとすれば、治安維持機関の活動を可能な限り法律によって限定する必要があろう。プーチンが大統領になってから、むしろ逆の現象が目につくようになった。

第二は凶悪犯罪の増大が、国家機関の法的抑制より、その活動の強化を招いている点である。一九八〇年代末から一般犯罪が増加したのか否かは、政治・社会情勢の変化が大きいためになかなか証明できないが、殺人事件やテロ事件が増大した事実は否定できないであろう。それとともに、警察や治安機関の強化を求める声が高まっている。護衛や警備の会社が多数設立された事実も、凶悪犯罪の増大に公的機関が対処できていないという社会の認識の表れであろう。ここで問題なのは、こうした凶悪犯罪とカフカース系民族（特にチェチェン人とアゼルバイジャン人）が結びつけられ、強引な取り調べがなされていることである。世論はもとより政府機関も、こうした推定を許容する傾向があり、捜査当局の行きすぎに対する警戒や批判の声が発せられるのは稀である。

第三は、統治エリートの中に、法による秩序よりも権力機関による秩序という考え方が根強く存在する問題である。ロシアの女性政治学者シェフツォーヴァが『プーチンのロシア』（二〇〇三）で的確に指摘するように、法による秩序は、支配者が社会の自立的な組織能力を信頼することによって成り立つ。しかし現実には、さまざまな紛争を、社会に組み込まれた自治能力や自治手続きに従って処理するよりも、権力の発動によって速やかに処理する慣行が、ソ連時代に比べれば少し弱まったとはいえ、まだ根強く存在する。エリツィンが一九九三年に議会側の反対勢力を軍事的に鎮圧したのはその例であるし、またプーチンがチェチェン問題を解決するために取った措置も同様である。二〇〇三年十月に、石油会社ユーコスの社長ホドルコフスキー（一九六三－　）が、国有財産横領の容疑で連邦保安庁の特殊部隊によって逮捕された事件もこの文脈でみることができよう。短期間で巨額の財をなした新興財閥に対する国民の妬みと、ホドルコフスキーに対する政権の側の警戒心が結びついて、法的手続きを厳格に守ることなく、強引な捜査と取り調べがなされた。

以上のような問題のために、司法権力が大統領権力から自立した政治主体として登場することはほとんどない。司法と政治の接点で問題が起こると、マスコミが大騒ぎした後に未解決のまま終わることが多い。たとえば一九九四年に、前年秋の騒乱事件を捜査するために設置された委員会は、国家会議で首謀者に対する恩赦が採択されると、活動を停止した。背後の事情はわからないが、この時は検事総長が辞任した。

また、私有化政策の推進役としてエリツィンを支えたチュバイス（一九五五－　）が、一九九七年にオネクシム銀行系列の出版社から原稿料名義で法外な金額を受け取った事件では、彼は財務大臣、第一副首相の地位から解任されたが、法的制裁を受けなかった。

さらに一九九八年には、エリツィンの娘タチヤーナ・ディアチェンコ（一九六〇－　）を巻き込む疑獄事件が起こった。スイスの捜査当局が、同国に根拠地を置く建設会社の事業に絡んで多額の資金がロシアに還流していることを明らかにしたのである。しかし、時の検事総長スクラトフ（一九五二－　）がこの問題の調査を開始すると、逆に検事総長の私生活が暴露され、捜査は中断された。当時連邦保安庁長官であったプーチンはエリツィン側に立つ行動を取り、最終的にスクラトフを辞任に追い込んだ。

こうした事例からうかがわれるように、司法と政治の関わりは不透明な事件が多く、司法改革から法治国家の創出へと順調に進んでいるとは言い難い。二〇〇〇年代半ばになると、裁判官や取り締まり機関の公正さに問題があるとする声が聞かれるようになった。実際、世論調査によると、裁判所に対する国民の信頼は高くない。また、野党の政治家や活動家に対する捜査や裁判では、公平性を欠いているという批判が出ている。ロシア経済の発展のためには、外国から直接投資を呼び込む必要があり、そのためにも公平で公正な司法手続きが不可欠になっている。今後、ロシアの司法がこうした批判や要望にどのように応えるのか、見守る必要がある。

10　プーチン時代の内政

プーチンは一九九九年八月にエリツィン大統領によって首相に任命され、翌年三月の大統領選挙で大統領の地位に就いた。そして二期八年務めた二〇〇八年に、彼は憲法の規定に従い、いったん大統領職を離れ、部下であったメドヴェージェフ（一九六五－　）にこの地位を譲った。しかし、その後の四年間も首相の地位にあって大きな政治的影響力を保持したため、ロシアの人びとは憲法の規定通りに大統領のメドヴェージェフが首相のプーチンの上位にあるのか、実態は逆なのか疑問を抱き続けた。ロシアでは、多くの人はどちらが上位にあるのか深く問わないことにし、この体制をロシア語で馬や電池を直列に配置することを意味する「タンデム」と呼ぶようになった。（日本では「二頭体制」もしくは「双頭体制」と意訳した）。

そして「タンデム」の四年が終わると、ふたたびプーチンが大統領になった。今度は、メドヴェージェフが大統領の任期を六年に変更していたので、彼は最大十二年間も大統領であり続けることが可能になった。以上からすれば、ロシア政治では二〇〇〇年からプーチン時代が始まっているとみることができよう。それでは、この時代に政治はどのような展開をみせ、現在に至っているのだろうか。ここで内政面についてまとめておこう。

プーチンは最初に首相に任命された時、まったく無名の人物であった。その当時、彼の政治的経歴として知られていたことといえば、ＫＧＢの工作員として東ドイツのドレスデンにおいて一九八五年から一九九〇年まで活動していたことと、帰国後、大統領府に勤務するようになるまで、故郷であるサンクト・ペテルブルク市で行政実務に就いていたことだけであった。しかし実際には、プーチンはモスワクの大統領府に職場を移した一九九六年八月から首相になるまでの間に、以下のごとく、為政者になるために重要な準備をしていた。

第一に、彼は一九九七年に大統領監督総局局長に就任し、そこで政府と連邦諸機関の会計監査の任務にあたり、収賄、国有財産横領、使途項目の転用などを摘発し、取り締まった。この任務を通じて、彼は政治家や官僚ばかりか、私有化によって巨額の富を獲得した新興財閥の財務事情に精通するようになった。この時期に収集した情報は、プーチンが大統領になった後に、彼の意に反して行動する政治家や新興財閥と戦う際に大いに役立ったと考えられる。彼らに脱税や国有財産横領などの嫌疑をかけ、その社会的地位を脅かすことができたからである。ロシア国民は、すでに述べたように私有化の結果に強い不満を抱いていたので、大統領になった後のプーチンの対決姿勢に好意的反応を示したのである。

また局長当時、彼の任務を遂行する過程で彼を補佐したのは、サンクト・ペテルブルク時代から行動を共にするセーチン（一九六〇－　）、ズブコフ（一九四一－　）、ヤクーニン（一九四八－　）といった人びとであった。セーチンはKGBの一員として働いた過去を持つが、他の二人については不明である。いずれにせよ、彼らはその後、それぞれ石油会社（ロスネフチ）やガス会社（ガスプロム）、ロシア鉄道など、有力企業の管理職に就き、プーチンを中心とする内輪の政策決定集団の構成員になった。

第二に、一九九八年からプーチンは連邦体制の問題に取り組んだ。同年八月に金融危機が勃発すると、経済資源に富む連邦構成主体が連邦憲法を無視して勝手に非常事態を宣言したり、他地域との物流を制限したりしたため、連邦体制が危機に陥ったからである。七月に連邦保安庁長官の職に就いたばかりのプーチンは、連邦制との関連では主としてチェチェン問題にあたった。連邦体制の危機は、「チェチェン独立派」（連邦側からみるとテロリスト集団）に活動拡大の絶好の機会を与えたからである。そこで彼がとった行動は、容赦なく武力を行使して「チェチェン人テロリスト」を一掃するというものであった。彼はともかくもこの作戦に成功を収めると、翌二〇〇〇年五月には大統領就任後の最初の措置として、連邦全体を七つの管区に分け、それぞれに大統領全権代表を任命した。

こうした動きは翌年も続き、彼は四月に連邦議会に大統領教書を送った際に「連邦構成主体で採択された三五〇〇以上の法令がロシア憲法や連邦の法律に合致していない」と指摘し、連邦構成主体の独自行動を取り締まる動きに出た。この過程で一九九〇年代に生み出された権限区分条約が見直され、いくつかの連邦構成主体に特別に認められていた権限が剝奪された。プーチンからすれば、一連の措置は連邦体制の立て直しを図るものだった。

第三に、プーチンは一九九七年にサンクト・ペテルブルク鉱山大学に博士候補論文を提出した。これはソ連時代から官僚たちが資格向上のために行なってきた通常の行動であったが、このとき彼が研究テーマとして選んだのは、サンクト・ペテルブルク地域の鉱物資源基盤に基づく発展計画であった。その内容は精彩を欠くが、より注目されるのは、上に言及したズブコフが翌一九九八年に同じ大学に天然資源部門での課税問題を検討する博士候補論文を提出し、さらにセーチンがロシアの石油産業の状況とグローバルな石油市場の展望を考察する論文を提出していた事実である。交流の深さからみて、プーチンたちはこの時期にロシア経済の発展計画について意見を交わしていたと考えられる。一九九九年発行の同大学の研究雑誌に発表されたプーチンの論文「ロシア経済発展戦略における鉱物原料資源」は、こうした意見交換の成果をまとめたものだろう。この論文は、鉱物資源部門がロシアという国家の発展の基本になると規定し、鉱物資源については、それが誰の所有に帰するかに関わりなく、国家は開発し、利用し、規制する権利を有すると主張していた。おそらく、この時点で彼と彼を取り巻く集団は、市場経済を維持しつつも、エネルギー資源などの鉱物資源を利用してロシア経済を発展させる戦略を考えていたのである。

この戦略構想は、前節で触れた二〇〇三年のホドルコフスキー逮捕事件によって実現に向かった。事件の後に、ユーコス社が保有していた資産の大半は最終的に国有会社ロスネフチにわたり、そのロスネフチの社長にセーチンがなったのである。同様のことはガスプロム社でも起こった。同社は発行株式のかなりの割合を国家が保有するかたちで一九九〇年代初頭に創設されたが、プーチン大統領が登場するまでは実質的に旧ソ連ガス工業省の幹部たちによって支配されていた。しかし、大統領になるとすぐに、プーチンはサンクト・ペテルブルク時代から知るミレル（一九六二ー　）を社長として送り込み、同社の支配権を奪い取った。こうして一部の新興財閥が排除されると、多くの企業経営者はプーチンに挑戦しなくなった。この結果、「オリガーキ」と呼ばれた新興財閥の政治的影響力は急速に低下していった。代わって目立つようになったのは、ソ連時代にKGBや軍、内務省などに属し、治安関係の仕事に従事してきた人びとである。彼らは、物理的力（ロシア語でシーラという）を持つ人びとという意味で「シロヴィキ」と呼ばれた。

以上から明らかなように、プーチンは大統領になる直前の三年余りの間に国家レベルの「知識」を身につけ、就任すると同時にその知識を駆使して統治にあたった。このとき起きた変化を要約すれば、それは社会の安定化、中央権力の強化、そしてエネルギー資源を中心とする鉱物資源に対する国家の管理の拡大であった。この点に関連して想起されなければならないのは、二〇〇一年頃から、それまで国際市場において低迷していた石油価格（天然ガスの価格もそれに連動していた）が高騰し始め、それとともにロシアの経済が年を追って回復していったという事実である。いくつか目安になる数字を示せば、ここで起こった変化がイメージできるだろう。

第一に、石油価格は二〇〇八年には一九九八年の七・四倍になり、同じ時期にロシアの原油輸出額は一五・七倍、輸出額の総額は六・三倍になった。第二に、ロシアの国内総生産（GDP）は二〇〇〇年から二〇〇七年の間、平均で七・二％成長した。この状態をみて、アメリカの投資銀行ゴールドマン・サックス社はロシアを中国やインド、ブラジルとともに急激に経済成長を遂げている新興経済国として認定し、頭文字をとってBRICsと呼ぶようになった。（やがて、南アフリカもその一つとして加えるようになると、BRICSとなった）。第三に、この時期にプーチンが財務大臣クドリン（一九六一－　）の助けを得て、石油にかかる税金をその輸出価格に連動させることを決めたため、石油税として徴収された額は一九九九年の五六億ドルから二〇〇五年の八三二億ドルに跳ね上がった。

この結果、エリツィン大統領の時期にみられた公務員や軍人の給与の遅配はなくなっていった。また各地の公共施設がともかくも運営されるようになり、生活環境は少しずつ改善していった。それとともに中央権力は強化され、社会は安定していった。

こうして、プーチン大統領の登場とほぼ同時に始まった経済成長は、彼が行なった社会秩序の回復を目指す政策とともに、無名であったプーチンを敬愛される指導者へと変えていった。プーチン自身もテレビなどを通じて国民との距離を縮めようとした。特に二〇〇一年に始まった「国民との直接対話」と題するテレビ番組では、彼は長時間にわたり国民の質問を受け、その場で回答し、時には対処策まで示した。番組は評判を呼び、大規模なテロ事件があったときなどを除き、毎年放送されるようになった。この結果、世論調査で示されるプーチンの支持率はいつも七〇％から八〇％の数値を示すようになった（首相や政府などのそれは三〇％台であったので、国民の評価の違いは誰に目にも明らかであった）。

二〇〇四年春の大統領選挙後になされた世論調査では、回答者の半数以上の人びとがプーチンに対して期待をかけたのは正しかったと答えた。この状態は二〇〇七年四月にふたたび確認された。この時は、プーチンは憲法の規定に従って、来るべき選挙では大統領職を別の人に譲るべきかと尋ねたのに対し、彼が後継者を任命すべきという回答が二三％で、憲法を変えて選挙に出馬するのを許すべきとする回答が二二％であった。明らかに社会の一部には、ソ連時代にみられた指導者崇拝の気分がプーチンを対象に蘇っていたのである。

ロシア国民の多数がプーチン個人に強い信頼を寄せ、対照的に政党やマスメディアなど国民の政治参加に不可欠な制度や機関に対して距離を置く状態が続くと、国内の政治システムは変質していった。何よりもプーチン以外の政治家の存在感が薄れ、結果として、彼の独裁的様相が強まったのである。プーチン自身も、最初の四年が過ぎた頃から、以下のように意図的に一九九三年憲法体制の内容を実質的意味で変更していった。

第一に、二〇〇四年九月に北オセチアのベスランでチェチェン過激派と目される勢力によるテロ事件が起こると、プーチンは連邦構成主体の首長（知事や共和国大統領など）の公選制を廃止し、連邦大統領による事実上の任命制を導入した。これによってモスクワの連邦権力は、連邦構成主体の政治家たち（地域エリート）に対する統制を強めようとした。

第二に、二〇〇五年五月に採択された連邦議会の下院選挙規則によって、それまでの小選挙区と比例区で議員の半数ずつを選出する方法を改め、すべての議員を比例代表制によって選出することにした。また、政党が議席を獲得するのに必要な得票数もそれまでの投票総数の五パーセントから七パーセントに改めた。以上のような改正によって、それまでにすでに組織力と経済力を持った大政党に有利になっていた選挙規則は、ますますその傾向を強めた。プーチン支持政党として二〇〇一年に登場した統一ロシアが下院を支配するようになり、それとともに下院は大統領の権限に対抗する機能を果たさなくなったのである。

第三に、市民の社会活動を制限する措置を取った。これは、ウクライナにおいて親欧米派のユーシェンコ大統領を誕生させた「オレンジ革命」が引き起こしたものだと考えられる。プーチンたちはこの「革命」を、外国から支援を受けた「市民」が起こしたものと捉え、外国の干渉の結果だと非難した。同様のことがロシアに起こることを恐れたのであろう。プーチンは二〇〇五年七月には「市民社会制度の発展的促進と人権に関する協議会」代表と会談を行ない、ロシア内の政治活動に対してなされる外国からの資金供与に断固として反対すると表明した。さらに二〇〇六年一月には、彼は社会団体・民間非営利団体などの活動を規制する法律の改正案に署名した。これによって外国の非営利団体の活動に対する監督官庁の権限が強化された。

市民の社会活動を制限する動きは、親欧米的な団体を規制する措置だけではなかった。二〇〇五年夏には、ロシア愛国主義を掲げて行動する若者組織ナーシ（われわれのものという意味）が大統領周辺の後押しで組織された。この後、ナーシは大勢の若者を動員してデモを組織し、政権批判勢力の街頭活動に対抗した。また、チェチェン問題などで厳しくプーチン政権の行動を批判してきたジャーナリストのポリトコフスカヤが、二〇〇六年十月に何者かに殺害された。こうした動きは、欧米的自由主義を説くことや、政権に対する批判を公然と口にすることをためらわせるような雰囲気を生み出した。

以上からうかがえるように、プーチンが二〇〇四年以降進めた政策は、一九九三年憲法体制の諸制度を骨抜きにするものだった。何よりも、こうした変更によって、社会の中に多様な意見や利害を表出することが難しくなった。一部の政治家や官僚たちからみれば、この変化は悪いことではなかった。彼らは国民が公的問題を議論できない状態を利用して、特権的生活を楽しむことができるようになったのである。

しかし、上記の三つの措置によってロシアに独裁体制が確立したわけではなかった。二〇〇八年に大統領になったメドヴェージェフは、自身の支持基盤が弱かったために、国民の支持を得つつ政権運営を行なおうとしたのである。彼がそのために打ち上げたのが汚職の一掃という政策だった。このメドヴェージェフの政策自体は、国民の多くに人気取り策とみなされて大した成果を挙げなかった。しかし、便乗して一部の市民活動家が動き出すと、状況は変化していった。特にナショナリストの弁護士ナワリニー（一九七六－　）が、二〇一〇年からインターネットを利用して、政治家や官僚の贈収賄や豪勢な生活ぶりを摘発する市民運動を展開すると、多大な関心を集めた。ナワリニーは時の人となり、彼が統一ロシアを批判して発した「ペテン師と泥棒の党」という言葉はたちまち流行語になった。このために、統一ロシアは二〇一一年の議会選挙で予想外の苦戦を強いられたのである（ナワリニーはその後、政権によって追及を受けるようになった）。

メドヴェージェフはこの選挙結果をみて、その任期の最終年にあたる二〇一二年春に、先にみたプーチンによる制度変更の見直しを行なった。すなわち連邦構成主体の首長については、あらかじめ大統領が候補者との事前面接を行なうことを条件に住民が選挙によって選ぶよう変更し、また下院議会選挙でも、小選挙区制を部分的ながら復活させたのである。

こうしてプーチンの強権化を図る動きと、それに手直しを求める動きが交差する状況で、二〇一二年の大統領選挙が行なわれた。このため、この選挙はプーチンがそれまでに経験した二度の選挙とまったく異なるものになった。国民は、プーチン大統領の最初の八年間に起こった生活の改善を想起して、再度プーチンへの信頼を示すか、あるいは経済の変調と上層部の腐敗を背景に、彼に厳しい審判を下すか、二者択一を迫られたのである。

結果は六三％余りを獲得したプーチンの勝利だった。彼は選挙戦で公務員の給与の大幅増大や年金生活者の生活改善、軍事予算の増額など、バラマキともいえる公約を示し、演説では外国の勢力がロシアの崩壊を狙っていると述べ、排外的愛国心を煽った。有権者の過半数はこうした彼の選挙戦術に反応し、支持票を投じたのである。

しかし他方では、人口一〇〇〇万人を超える首都モスクワ市では、プーチンの得票は過半数に達しなかった。比較的経済力があり、多様な情報に触れることができる有権者の中には、プーチンの権威主義的手法に疑問を抱く者が出ていたのである。このため、この選挙はプーチンの根強い人気を確認すると同時に、ロシア社会が保守的多数派と批判的少数派の間に鋭く分裂している事実を明るみに出したと評価できる。

プーチンとしては、政権を安定させるには、経済の成長を図り、汚職撲滅に力を尽くし、ナショナリズムに訴える以外になかった。しかし、肝心の経済分野で先導的役割を担うはずの実業家や若者が、ロシア社会の閉塞状態に失望していた。彼らの中には外国に活動拠点を求める者も出てきた。こうして二〇一二年の末には、プーチンが選挙戦中に掲げた公約が実現できるか否か危ぶまれる状況が生まれた。彼は政権批判が広がることを意識したのか、同年十一月に、先に言及した社会団体や民間非営利団体を規制する法律を強化した。これにより、外国から資金援助を受けている団体はすべて「外国のエージェント」として登録するよう義務づけられた。彼はこうした団体を社会的に孤立させようとしたのである。「**7** マスメディア」で指摘したメディアの規制も、同じ文脈で起こったものである。

こうした状況で迎えた二〇一三年に、誰も予想しなかった事態が生じた。ウクライナで政権批判の動きが広がり、翌年二月に親ロシア的なヤヌコヴィッチ政権が瓦解したのである。プーチンはこの事件に素早く反応し、三月にはクリミア半島に特殊部隊を送り込み、住民投票を実施してロシアに編入した。この地域では、ウクライナの独立後もロシアへの帰属を求めるロシア系住民が多かったので、編入はほとんど抵抗なく進んだ。この事態をみてロシア国民は歓喜した。プーチンが国民の宿願を実現したと評価したのである。六〇％台にあった彼の支持率は、一挙に八〇％以上になった。国民の絶大な支持を受けたことが明らかになると、国内にはクリミア編入の動きを公然と批判できない雰囲気が生まれた。

しかし、クリミア編入とそれに続くウクライナ東部での武力紛争の勃発は、ロシアとウクライナの関係をかつてなく険悪なものにした。それればかりではなく、欧米諸国はロシアの行動を厳しく糾弾し、経済制裁を課した。これにより、ロシアの有力企業は欧米市場で資金を調達することが困難になった。さらに同年末からエネルギー資源価格が急降下したために、ロシア経済は目に見えて勢いを失っていった。

それでもプーチンは、アメリカを中心とする外国勢力がロシアを包囲して崩壊させようとしていると説き、一丸となって危機に対処するように求めた。国民の中には、それ以前からアメリカ批判のムードが広がっていたので、彼の説明は社会的に受容された。しかしその反面で、経済はますます悪化していった。ロシア国民にとってより深刻な帰結は、欧米企業がロシアに投資して、国際的に競争力のある産業を育てるという可能性がほぼなくなったことである。二〇一四年にプーチンがとった措置は、当面は彼の権力を強めたが、中長期的にロシアをどこに導くのか分からない状態を創り出したのである。

今後起こるかもしれない石油価格の高騰などにより、プーチンはこの危機を乗り切るのかもしれない。国際情勢によっては、欧米諸国がロシアとの協力を求めるかもしれない。そうした場合には、彼は欧米諸国と一線を画したユーラシアの大国としてロシアを再生させるという自身の掲げた目標に邁進するだろう。しかし、もしこのまま経済の低迷状態が続けば、彼が掲げた目標は、はかない夢でしかなかったということになるだろう。

対外政策編

政治の変化に対応してロシアの対外関係も、過去からの変化と連続が入り混じった様相を呈している。ソ連時代から変わらぬもののもちろんある。たとえば、ロシアはヨーロッパに深く結びついた国家であるという意識は今も残り続けている。欧米人からみれば、ロシアはヨーロッパか否か議論の余地があるが、ロシア人にとっては、ロシアの精神世界がヨーロッパと深く結びついていることは自明である。このような意識の上に、今もさまざまな対外政策が組み立てられているのである。

また、伝統的にロシアは、国際政治において強国との同盟によって安全保障を確保する政策よりも、強国に挑戦する政策をとってきたが、冷戦後もその姿勢に変化は起こらなかった。日本や西欧諸国が第二次世界大戦後にとった強国との同盟を求める政策が、ロシアの指導部で検討された形跡がほとんどない事実は注目されねばならない。

しかし同時に、変化した面も多々ある。たとえば、外交エリートは、ソ連時代の指導層と異なり、マルクス＝レーニン主義についてまったく言及しなくなった。同時に、対立こそ国際政治の常態であるという発想も弱まり、協調姿勢もみられるようになった。それとともに、国力とは軍事力のことだとする考え方が後退し、経済力を同じほどに重視する政策が出てきた。また、冷戦時代のソ連社会を特徴づけた秘密主義も薄れてきて、ともかくも外に向けて開かれた態度が維持されている。

こうした変化と連続が混ざり合ったロシアの対外政策を捉えるには、二つの方法が考えられる。一つは、地域もしくは国別に、ロシアの対外政策をみる方法である。他方は、対外政策に影響を与える一般的要因に即して変化と継続の面を検討する方法である。ここでは、後者の方法に即して、ロシアの対外政策をみることにしたい。

1　地理的要因

どこの国であれ、その地理的要因は対外政策の強い規定要因となる。第二次世界大戦後の日本の対外関係は、超大国アメリカを除くと、東アジア諸国に集中している。このように地理的要因をロシアにあてはめると、その特殊性が理解できる。つまりロシアはアメリカを別にして、ヨーロッパ、中東、南アジア、中央アジア、東アジアという、実に多様な地域の国々とそれぞれ密度の高い関係を維持してきたのである。この点は、ロシアになっても変わることはない。具体的に示すために、一九九〇年代に対外諜報庁長官（一九九一年十一月から九六年一月）、外務大臣（一九九六年一月から九八年八月）、首相（一九九八年八月から九九年五月）として活躍したプリマコフの外遊先の主なものを挙げてみる（**表5**）。

この表から、ロシアの対外関係がユーラシア大陸の全域に及んでいることがわかる。プリマコフが対処した問題は、大半がＮＡＴＯ（北大西洋条約機構）の東方拡大やユーゴスラヴィア紛争、タジキスタン紛争など、ロシアからみれば自国周辺とみなされる地域における安全保障問題に関わるものだった。そうした認識があったからこそ、経済が未曾有の混乱状況にあったにもかかわらず、彼は外国訪問を繰り返していたのである。ともあれ、この表は、ロシアの対外政策をみるときには、つねに同時期に他の方面で何が起きているかをみる必要があることを示している（この事実を日本政府は、一九三九年にも一九五六年にも見落とした）。

次に地理的環境を歴史的にみると、ロシアの場合には、ヨーロッパの政治システムに参加した十八世紀から二

表5　プリマコフの主な外遊先

①	1993年1月、3月	ミロシェヴィッチ大統領と会談のため、ユーゴスラヴィア訪問。
②	1993年6月	米CIAとロシアの対外諜報庁間の意見交換のためアメリカ訪問。
③	1993年7月	タジキスタン紛争協議のため、アフガニスタン訪問。
④	1993年7月	タジキスタン紛争協議のため、イラン訪問。
⑤	1993年11月	サウジアラビアなど中東諸国訪問。
⑥	1994年10月	キューバを訪問し、カストロと会談。
⑦	1995年2月	イラン訪問。
⑧	1996年2月	フィンランドでNATO（北大西洋条約機構）の東方への拡大問題の協議のため米国務長官と会談。
⑨	1996年3月	外相としてエリツィン大統領に随行してエジプト訪問。
⑩	1996年4月	外相としてエリツィン大統領に随行して中国訪問。
⑪	1996年4月	欧州評議会に参加のためフランス訪問。
⑫	1996年7月	NATO問題協議のためフランス、オーストリア訪問。
⑬	1996年9月	アメリカでNATO主要国の代表と会談。
⑭	1996年12月	欧州安全保障協力機構首脳会議に出席のためポルトガル訪問。
⑮	1997年10月	アラブ・イスラエル問題協議のため中東諸国訪問。
⑯	1997年11月	日本訪問。
⑰	1997年11月	スイスで米、英、仏、中の外相とイラク問題を協議。
⑱	1998年7月	中央アジア諸国の国境問題討議のため、カザフスタン訪問。
⑲	1998年7月	ASEAN地域フォーラム参加のためフィリピン訪問。
⑳	1998年10月	アジア太平洋経済協力会議参加のため、マレーシア訪問。

典拠：プリマコフ『大きな政治に携わった年月』（ロシア語）

十世紀初頭まで、西側では強国と向き合うことが多かったが、南方と東方ではオスマン帝国や清国など、すでに衰えをみせていた国家と隣接していた。このために、この時期のロシアの膨張は、ポーランドの分割を除けば、基本的に南方と東方に向かうものであった。これは、南方と東方の地域では、ロシアが他のヨーロッパ諸国と同じく、軍事的に非ヨーロッパ地域の国家を圧倒できたからであった。この点でロシアがヨーロッパ諸国と異なっていたのは、膨張が陸続きでなされたために、第二次世界大戦後に植民地の独立という事態に直面しなかったことである。ロシアに本格的な脱植民地化の波が押し寄せたのはソ連末期のことであった（また、国土の膨張は、各地に領土・国境問題を残すことになった）。東方につねに安全を確保していたロシアは、二十世紀初頭に二世紀ぶりに対抗する勢力を見出した。日清戦争に勝って、急激に勢いを増していた日本である。この方面では、日露戦争から一九四五年までは日本との対立が生じ、一九六〇年代から一九八〇年代半ばまでは中華人民共和国との間で厳しい対立が繰り広げられた。南方では、イギリスがインドでの支配を固めていたため、十九世紀から中央アジアにその支配を拡大していったロシアはこの地域をめぐって同国と勢力圏争いを繰り広げた。この争いは一般に「グレートゲーム」と呼ばれた。一九七九年にソ連がアフガニスタンに侵入した際にアメリカがこれに対抗する現地勢力を援助したため、およそ十年間にわたって二十世紀の「グレートゲーム」が展開された。

ロシアは、西方では二十世紀になっても強国の圧力を受け続けた。第一次世界大戦から第二次世界大戦にかけては、生き残りのためにドイツとイギリスおよびフランスとの対立を利用しようとした。ラパロ条約（一九二二）、国際連盟への加盟（一九三四）、独ソ不可侵条約（一九三九）はそうした外交努力の軌跡である。第二次世界大戦後は、ロシアの指導者は東欧諸国を支配圏においてその安全を確保しようとした。しかしその行動は逆に欧米諸国の危機感を強める結果になり、ここに冷戦と呼ばれる事態が起こった。冷戦の起源や定義については多くの議論があるが、ロシアからみるとき、それはヨーロッパ方面における安全保障の問題と密接に結びついていたのである。一九五〇年までに、この方面でのロシアの安全保障の追求はNATOによる西側の結束を引き起こした。NATOは西側諸国からみればロシアの脅威に対抗する防衛同盟であったが、ロシアからみれば自国の西方を脅かす存在であった。

ともあれ冷戦の帰結として一九九一年にソ連が崩壊した。これにより、ロシアの地理的環境は大きく変化した。バルト諸国（エストニア、ラトヴィア、リトアニア）とウクライナの独立で、ロシアの海への出口はかなり限定されたものになった。南方はカフカース山脈まで国境が後退し、石油資源が埋蔵されるカスピ海の沿岸では、ロシアが接するのは沿岸全体の四分の一ほどになった。また、中央アジアにはカザフスタン、ウズベキスタンなどの新しい国家が誕生した。将来的には、この地域に中国の影響が及ぶことも考えざるをえなくなった。

しかし問題をロシアの軍事戦略的環境に限定すれば、その後のロシア指導部の環境変化に対する対応は、大きくみて二段階に分かれる。まずヨーロッパ方面では、一九九〇年代に東欧諸国が西側の安全保障機構（NATO）に加わり、ウクライナ、ベラルーシなどが独立してロシアの西側国境は東へ後退した。だがこの段階では、ロシア指導部は特別な対応をみせなかった。しかし二〇〇三年にアメリカがイラク戦争を開始し、二〇〇四年末にウクライナで政権交代（いわゆる「オレンジ革命」）が起こると、ロシア指導部は欧米諸国の影響力の拡大に強い警戒心を示すようになった。これは軍事戦略的不安というより、ロシア国内の体制転換を恐れたもののようにみえる。また、二〇一三年からのウクライナの西側接近にロシアは強い拒否反応を示した。

第二に、南方方面では、ザカフカースの三国（グルジア、アルメニア、アゼルバイジャン）と中央アジアの五国（カザフスタン、ウズベキスタン、キルギスタン、タジキスタン、トルクメニスタン）の独立は、この方面におけるロシアの国境の不安定化を引き起こした。だが、この方面で独立した国家はすべて規模が小さく、単独ではロシアの脅威となる存在ではないため、ロシア指導部はこうした地理的環境の変化に特別な対応をみせなかった。しかし、二〇〇三年から翌二〇〇四年にかけてグルジア（ジョージア）で政権交代が起こり、そこにアメリカの影響力が及ぶようになると、軍事行動も辞さない姿勢を示すようになった。

第三に東方では、中国の政治的経済的進展が目覚ましく、中ロ関係に絞れば、ロシアはすぐに新しい環境に直面した。このためもあってソ連崩壊後しばらくは、中国人がロシア領に入り込み、その領土回復運動を再開するのではないかという不安に取りつかれた。しかし、一九九七年に中ロ間の東部国境を画定する条約が調印されると、両国は次第に協調関係をアピールするようになった。両国はその後も慎重に国境交渉を進め、後回しにしておいた紛争地点についても二〇〇四年十月にすべて解決したと表明した。この間も事件が起こるたびに両国関係はギクシャクしたが、上記のごとく、ロシアと欧米諸国の関係が緊張していくと、ロシアは逆に中国に接近していった（なお日ロ関係では、一九九〇年代には両国間の懸案である領土問題で解決に向けた雰囲気が生み出されたが、結局二〇〇〇年までに合意を生み出すことができなかった。以降、日ロ関係はギクシャクした）。

以上のごとく、地理的環境に対するロシア指導部の対応は、二〇〇三年から二〇〇五年にかけて大きく転換した。この時期から、ロシア指導部は欧米諸国との友好関係を見直し、地域大国として自己主張を強めるようになったのである。また、これに関連して、欧米諸国による紛争国への「人道的介入」（人道的理由を掲げて行なう武力介入）に反対し、また主権国家に対する軍事行動を行なう前に、国連安全保障理事会の決議を得るよう要求するなど、欧米諸国中心の国際政治の運営に繰り返し批判の矛先を向けるようになった（なお二〇〇〇年以降の対外政策の展開については、「**9**　プーチン時代の対外政策」を参照）。

2　対外的イデオロギー

対外政策はどこの国でもイデオロギーと深く結びついている。イデオロギーという言葉は定義が難しいが、ここで問題にしているのは、国家の対外行動を正当化するために使われる観念や信条の体系である。マルクス＝レーニン主義は「帝国主義国」と呼ばれる経済先進国と、経済後進国との間にある対立を国際政治の中心的対立だと規定し、後者の立場に立ってその是正を図ることが人類の解放のために必要だと説いた。こうした議論によって、ソ連の指導者は経済後進国の人びとに、欧米諸国に戦いを挑むよう働きかけた。ロシア革命後のソ連の行動はこうした議論とすべてが一致するものではなかったが、それでも自国の行動の基本的在り方を説明するとき、彼らにはこの種の議論は有効であるようにみえた。何よりも自国の行動を正当化してくれるので、この種の議論に疑いを差し挟む気になれなかったのである。

このようにイデオロギーを定義すると、ウッドロー・ウィルソン（一八五六－一九二四）が説いた国際主義はアメリカの対外行動を説明するためのイデオロギーであったということになるし、大川周明（一八八六－一九五七）が唱えたアジア主義も日本の対外行動を説明するための同じレベルの言説であったということになる。それでは、現在のロシアにおいてはどのような対外的イデオロギーが広まっているのだろうか。

一九九一年末の時点でエリツィン政権を支持する人びとが自分たちの対外政策を説明するために提示したのは、冷戦時代に西側で広められていた反共イデオロギーであった。すなわち共産主義は不自由を強いる悪であり、西欧の文明こそ人類の普遍的な価値を体現しているという主張である。これは後にロシアでは「大西洋主義」と呼ばれるようになった。こうしたイデオロギーの下では、国際的には、かつての敵であった西側諸国と協調するのが当然だとされた。またロシア国内では、この議論は、共産主義勢力と厳しい戦いをしているエリツィン派を西側諸国は支持しているのだという主張によって補完された。

しかし冷戦時代の敵側のイデオロギーをそのまま受け容れた議論は、ロシアのインテリの中に反発を起こした。彼らは共産主義を支持したわけではなかったが、「大西洋主義」はロシアの歴史的伝統を無視していると考えた。ここに噴出したのが、ロシアはヨーロッパにのみ属するのではない、ユーラシア大陸にある独自の価値観を持つ国家だという考え方である。ここには大別して二つの方向の対外行動に対する説明があった。

第一は、西側諸国とのみ協調するのでは、ロシアは国際的に従属的な位置に置かれるだけで、独自性がなくなるというものである。この議論は、欧米諸国と一線を画している中国やインドとの友好関係を促進することによって、ロシアに一方的に特定の価値観を押しつける欧米諸国に対抗することができるという政策的意味合いを持っていた。

第二は、ロシア人は歴史的にユーラシア大陸の東側の地域に住む人びとと特別な関係を築いてきたのであり、その関係はロシアの南方や中央アジアに新しい国家が出現しても維持されるべきだとするものである。政策としては、ロシアを中心として、ソ連から独立した旧ソ連国家の政治的経済的結合の復活を目指すべきだという主張になった（同じ文脈で、正教信仰を基礎としたスラブ系民族の連帯を説く議論も現れた）。

上記のような考え方はいずれも「ユーラシア主義」と名づけられた。これは一見すると、ヨーロッパに背を向ける動きにみえるが、実際には、ヨーロッパに対してロシアの独自性を主張するかたちで提示されている。ロシア人にとっては、ヨーロッパは切っても切れない関係にあるのである。ともあれ、「大西洋主義」と「ユーラシア主義」の二つのイデオロギーは、ロシア史の伝統の中では、十九世紀のロシア社会に広まった「西欧派（ザーパドニキ）」と「スラブ派（スラヴノフィルストヴォ）」に対応していた。

ロシアにおける市場経済導入後の混乱と、ポーランドやハンガリーなどかつてのソ連の同盟国のNATO加盟により、ロシア国内では西側諸国への失望が広がった。西側諸国からの援助はロシア社会の窮状を救うには不十分だったし、西側諸国は依然としてロシアを敵視し続けているようにみえたのである。その結果、大西洋主義を支持する議論は弱体化した。

一九九〇年代半ば以降、ロシアの対外的イデオロギーの中で顕著になったのは地政学（ゲオポリティーク）である。かつてロシアでは、地政学が肯定的文脈で取り上げられることはなかった。しかし地理的環境が変化し、社会主義陣営対帝国主義陣営の対立という国際政治の見方が消滅すると、改めてロシアの対外行動に指針を与えてくれる理論となりうるのではないかと考えられるようになったのである。

こうした地政学者の議論では、基本的に国際政治を主要な勢力の対立の場とみなし、勢力間の地理的空間の伸縮はそれらの力関係によって決まるとされる。さらに、主要な勢力は大陸国家と海洋国家に区別され、これらの間にある国家は緩衝地帯の国家と規定される。こうした区分では、ロシアはいうまでもなく大陸国家であり、イギリスとアメリカは海洋国家である。彼らによれば、冷戦とはこのような相容れることのない大陸国家と海洋国家の争いとして、十九世紀の英露対立と変わらないものであり、冷戦後のソ連の解体は海洋国家による大陸国家の弱体化の試みだった。さらに、ロシアが弱体化の道を受け容れたとしても、東の中国なり南のイスラム勢力なりが新たに大陸を支配する国家を築こうとするので、海洋国家との対立は変わらないと説く。

地政学の広まりは、国際政治の現実を新しく解釈する動きとなった。それはちょうどアメリカの学者ハンチントンが「文明」という概念を駆使して国際政治の枠組みを示したのに対応していた（彼の『文明の衝突』はロシア語に翻訳され、多くの反響を引き起こした）。地政学の復活は、ロシアでは、NATOの拡大ばかりか、中国の強大化、イスラム勢力の広がりに対する警戒心を説く政策論的意味合いを持っている。

以上の他にも、ロシア国内では近年になって欧米諸国の国際政治学の翻訳が盛んになされている。こうした輸入学問の中では、情報と金と物と人間が国境を越えて大量に移動する現象によって、国際政治がそれまでと異なる時代に入ったとするグローバリズムの概念が受け容れられつつある。もちろんロシアの中には、これはアメリカの覇権を正当化するための議論だと説く反米勢力もある。しかし、麻薬や大量破壊兵器の拡散、人身売買、不法出入国、テロリズムの問題はロシアの人びとにとっても深刻で、グローバリズムの概念を受容する議論は確実に浸透しているようにみえる。

以上のように、全体的に、対外的イデオロギーはもはやソ連時代と比べものにならないほど拡散している。しかも、プーチン大統領の登場と前後して、こうしたイデオロギーとは別に、古典的なリアリズムまでもが復活した。それは、基本的に軍事経済的に強力な国家の協力によって国際政治の運営を図るべきだというもので、一九世紀のヨーロッパ大国の国際運営をモデルにしたものだと考えられる。さらに、二〇〇四年頃から、大統領周辺の人びとによってロシアの独自性を強調するナショナリスティックな議論がしきりに唱えられるようになった。プーチンは二〇〇五年に出した大統領教書で、「ソ連の崩壊はこの世紀最大の地政学的災厄だった」と述べ、さらに二〇一一年秋には、「ソ連とは何か。それはロシアだ、名前が変わっただけだ」と説明した。彼は、共産主義の国家としてではなく、現在のロシアの前身、つまり帝政期からロシア・ナショナリズムを継承してきた国家として、ソ連を評価すべきだと説いたのである。こうした歴史観は、ソ連は非人間的な抑圧国家だったと捉える欧米諸国の一般的な歴史認識と大きく異なっている。プーチンは「大国ロシア」の再興を至上目的とする政治家として、欧米諸国の歴史認識やそこに込められた価値観の国内への浸透に対抗しようと考えたものと思われる。欧米諸国に対する反発は社会の中にもかなり広まっている。

3 対外政策の決定システム

ロシアの対外政策においては、歴史的に政治指導者が大きな役割を演じてきた。しかし、スターリンの独裁的な支配が続いた一九三〇年代から二十年間ほどの時期を除けば、政治指導者の決定がそのまま政策として実行されることは稀であった。たとえば、スターリンと同様に対外政策でイニシャティヴを発揮したフルシチョフにしても、政策の決定にあたってはつねに共産党の幹部層の合意を調達しようとした。ブレジネフが書記長であった時代には、彼は関係機関の主張を調整することに努め、政策形成段階で彼自身の考えを強く主張することは稀であった。このような対外政策に関与する機関はその案件によって異なる。たとえば一九七九年にアフガニスタンへの出兵を決めたときは、KGB、外務省、国防省、中央委員会国際部であった。

ゴルバチョフの時代にもこの伝統は生きており、彼は「新思考」と名づけた彼の対外政策を実行するにあたって、政治局や関係する部局の合意を調達するのを忘れなかった。ゴルバチョフはその回想で「この十年間にしだいに制度化された方法に従って、［レーガン大統領との会談のためにジュネーヴに向け］出発前に、ソ連共産党中央委員会書記長に対する指示が政治局で作成され、審議され、そして承認された。その草案は私も直接参加し、外務省、中央委国際部およびKGBのトップによって準備された」（『ゴルバチョフ回想録』下巻、工藤精一郎・鈴木康雄訳、新潮社、一九九六年）と記している。

フルシチョフのときもゴルバチョフのときも、幹部層にとって政治指導者の意見を正面から批判するのは難しかったが、重要案件では幹部層は事前に提案内容を知り、それについて討議する機会を持った（なお、ゴルバチョフは十年前から制度化されたと言っているが、これは彼がそれ以前の慣行を知らなかったからであろう）。

ソ連が崩壊してロシアになっても、対外政策は指導者の専管領域だとする意識は揺るがなかった。一九九三年憲法はこの点をひじょうに明確に示している。つまり第八十条は、大統領は、連邦憲法および連邦的法律に従って、国家の内外政策の基本方向を定めると規定し、第八十六条は、大統領は、連邦の対外政策を指導し、連邦の条約の交渉を行ない、これに署名し、批准書に署名し、大統領にあてた外交代表の信任状および召喚状を受理すると記している。指導者こそが対外政策を決定するのである。

他方で、主要な政策について指導者が信頼する少数の人びとが集まり、政策を審議して承認するという慣行も残り続けている。エリツィン大統領の時代には、大統領による統括が存在せず、外交を下部機関に委ねたため、外務省と対外課報庁、国防省と外務省の間で統一がとれない状態が生じたが、それでも一九九四年初頭には、外務、国防、内務、民間防衛・非常事態の四大臣については大統領に直接面会して意見を述べることができるようになった。エリツィンは、この動きを制度として確定するために、一九九七年末にロシア連邦政府法を採択させ、国防、保安、内務、外務などに責任を持つ省庁を大統領に直属させた。ここにできた関係は一般に「大統領の政府」と呼ばれる（残りの経済、通商、金融、福祉などは首相の管轄とし、対応するかたちで「首相の政府」と呼ばれる）。

9・11事件後にロシアの対米政策を策定するという問題が生じたとき、プーチンは「大統領の政府」と軍の上層部を召集して、対応策を討議した。これは対米協調政策を明確に示した機会であるが、彼はこの時、関係機関の了解を求めたものと思われる。

これとは別に憲法は、大統領が組織する機関として連邦安全保障会議の設置を定めている（第八十三条）。この機関は首相、安全保障会議書記、外相、国防相、保安庁長官を常任メンバーとし、それに上院と下院の議長、参謀総長、検事総長、科学アカデミー代表などを非常任メンバーとして加えている。安全保障会議の集まりは、重要事項の協議や関係組織間の調整のために定期的に開催される。ここでは、これまでに核戦略や軍事ドクトリンなど対外政策の問題ばかりか、チェチェン問題などの国内問題が取り上げられてきた。

安全保障会議が対外政策の決定過程に占める重みは、同会議書記と大統領の関係によって変化する。大統領の強力な支援を受けた書記が活動していた時には、同会議における審議と、そこにおける意見の集約はその後の政策に大きな影響を与えたが、そうでない場合には、同会議は大した影響力を持たなかったようにみえる。なおプーチンの場合は、以上のような公式の場とは別にインナー・サークルがあり、そこでかなり自由な討議がなされているようである。

対外政策の場合には、国内政策と異なり、政策の発議は一般に関連する情報を入手した者が行なう。外国において問題が発生した場合には、外国に出先の機関を持つ外務省、対外諜報庁、国防省から大統領に情報が伝えられる過程で、政策の原型がかたち作られる。経済問題では、経済関係省（対外経済関係省、経済省、財務省など）が政策の発議を行なうものと考えられている。もちろんここでは、ロシアの対外経済問題で重要な役割を果たしている燃料エネルギー省、原子力省、天然資源省が関与している。さらにロシアとＣＩＳ諸国との関係では、何よりもＣＩＳ省と外務省、それに国防省が重要な役割を果たしている。

こうした省庁と大統領府の関係については情報が少ない。エリツィン大統領の時代には、たとえば対外政策担当の補佐官がベラルーシとの統合問題に深く関わっていたが、プーチン大統領の対応する補佐官はこうした個別の問題に関わっていないようである。大統領府に勤務する官僚は大統領に近い点では強みを持つが、主要な官庁に比べ人数がかなり少なく、情報をすべて把握できていないようである。大統領府の専門家は、省庁から上がってきた情報を特定のかたちに加工して大統領に提示したり、関連する省庁の官僚と問題点を協議して、その結果を大統領に伝えたりして、政策に関与しているものと思われる（これとは別に大統領は、先に述べたように、主要官庁の大臣から直接説明を受けている）。

エリツィン大統領の時代には、先に挙げた補佐官以外にも、一九九三年から九九年まで米露関係の友好維持のためにゴア副大統領と協力して働いたチェルノムィルジンのように、特定の領域を任された人物が活動していた。しかしプーチン大統領になると、この方式はみられなくなった。

発議から政策として提議されるまでの過程は、ひじょうに多様である。単独の官庁が政策をすべて担う場合には、この過程は大統領と大臣の協議に終始するものと思われる。しかし、省庁間の横の連携が必要な問題では、複雑である。ロシアの場合には、特に横の連携が難しいようである。たとえば世界貿易機構（ＷＴＯ）加盟問題では、関連する省庁の他に、関連する企業や、関連する産業を抱える連邦構成体の代表が加盟の得失をめぐる議論に参加した。ロシアのＷＴＯ加盟交渉への歩みは一九九三年に始まり、二〇一二年八月にようやく完結した。加盟交渉がこのように長い年月を要したのは、ロシアの加盟申請に対してグルジア（ジョージア）などから厳しい条件が提示されたからであるが、それればかりではなく、国内の多くの政治・経済主体がさまざまな場所で意見を表明し、指導部内で意思の統一がなかなかできなかったからであろう。一部の報道では、加盟を推進するメドヴェージェフ大統領（当時）とプーチン首相の間でさえも、最終段階が近づいた二〇〇九年になっても、この問題について十分な議論がなされていないのではないかとする見解が示された。プーチンはこの時期に、ロシアの

ＷＴＯ加盟よりもカザフスタンおよびベラルーシとの関税同盟を優先する意向を示したが、これは言葉通りの意味を持っていたのか、農業団体のような国内の加盟反対勢力を意識したものだったのか、わかっていない。

対外政策は場合によっては議会で討議される。憲法一〇六条は「条約の批准および破棄」と「国境の地位および保護」と「戦争および平和」について、国家会議が採択した法律を必ず連邦会議で審議すると定めている。予算の審議でも、議会は対外政策に影響を与えることができる。また国家会議は、大統領の力が弱ければ、締結された条約の批准を先延ばしすることができる。たとえば一九九二年に締結された第二次戦略兵器削減条約（ＳＴＡＲＴⅡ）が批准されたのは、九九年のことであった。

議会では一般に対外政策は関連する委員会で討議される。こうした委員会で重要なのは国家会議の国際問題委員会とＣＩＳ同胞問題委員会である。連邦会議にも同様の委員会がある。また議会では、特定の問題で公聴会を開くことがある。これは時に大きな社会的反響を引き起こすことがあるが、政策決定に占める位置はかならずしも明瞭でない。

最後に、経済界の対外政策への影響力についてみると、新興財閥の活動が目立った一九九〇年代においても、対外関係では彼らの関与は限られていた。二〇〇三年のホドルコフスキー事件以降は、さらに企業の対外政策への関与は減少した。ただし、その反面では有力企業とプーチン（および彼の側近グループ）との関係は深まっており、たとえば天然ガスの輸出でガスプロム社が中小の企業の自由な活動を押さえて独占的地位を確保しているように、有力企業の望む措置が政治指導者によって国益にかなう政策として採択されている場合もみられる。この場合は、政治権力者と特定の企業（経営者）が緊密に結びついて互恵的な（双方に受け容れられる）政策を生み出しているといわねばならない。

4　外務省

首脳外交が頻繁になり、また経済省庁などが対外政策へ進出して、外務省の地位の低下が世界的に論じられている。しかし国によって外務省が置かれている状態は異なるので、ロシア外務省の構造と機能を理解しておく必要がある。

ロシアの外務省は帝政時代から、指導者（ツァーリ、書記長）が下す決定を執行する官庁だとみなされてきた。しかし帝政ロシア時代にはゴルチャコフ（一七九八－一八八三）外相が、またソ連時代にはグロムイコ（一九〇九－八九）外相がそうであるように、外相が自己の専門知識によって特別の存在となる場合もある。これは彼らが外国事情に通じ、対外関係の処理について豊富な知識を蓄積したために、指導者にとって不可欠な存在になったからであった。たとえばグロムイコの場合には、ソ連にとってもっとも重大な相手国であったアメリカを担当する人間として育成されたこと、そして彼が入省する以前に外務省の先任者が大量に粛清されていたことが、彼の価値を大いに高めたのである。フルシチョフもブレジネフも、その後の書記長も、必要だと考えるとグロムイコの意見を求めたため、グロムイコは二十八年も外相を務めた。この状況は基本的に現在も続いているとみられる。たとえばプリマコフのように有能で国内各方面で評価される人物が外相であった時には、彼はたんなる政策の執行者ではなく、対外政策の決定を左右する有力者の一人になったのである。

ロシア外務省は大臣を中心とする幹部層を中心に運営されている。しかも日本とは違い、外相は通常は外務省の中で昇進してきたキャリア外交官である（ロシアが独立した後に任命された四人の外相の中では、プリマコフのみが外務省出身でなかった。またプーチン大統領になってから、対外課報庁出身の人物が外務省の第一次官に任命される事態が起こっている。後者は、一九三〇年代以来の出来事である）。通常は、外務省の一体感は強く、しかも外相は国際的感覚が豊かである。

省内の政策決定は、基本的に、大臣と特定の地域を担当する次官の協議を通じて行なわれるが、場合よっては十人以下の幹部（大臣と次官など）が集まる参与会が政策決定の場となる。ソ連時代には、次官以上の幹部には、彼の活動を支えるために若い省員が秘書として複数つけられていた。この構造は省内の政策決定が圧倒的にトップダウンのかたちでなされていたことを示している。現在もおそらくこの構造は変わっていない。次官は通常、いくつかの部を監督している。たとえばＣＩＳを担当する部は四つあり、それらの部を総括する役職として次官ポストがある。大統領府に対外関係担当の補佐官として送られるのは、一般に外務省内で部長クラスであった者である。

構造的にみると、外務省は他国のそれと同じく、担当地域別と機能別の部から構成される。その数はだいたい同数だが、多少変化することがある。地域部の中で欧米地域はもっとも多くの外相を輩出してきたが、ソ連からロシアに変化して、同様の慣行が維持されるとは考えにくい。今後、機能部からもトップに昇り詰める者が出てくるだろう。機能部の中には一九六〇年代から、政策企画部が存在する。この種の機能を担う部は、一時期を除き現在まで存在し続けている。外務省には対外政策に関わる情報が大量に集められるために、そうした情報を整理するためにも、情報を分析し、政策に向かって加工する仕事が必要となるのであろう。この部の仕事と国レベルの政策決定との関連は不明である。

歴史的にいうと、ロシア外務省はソ連時代にはソ連外務省の下部組織にすぎなかった。しかしソ連が崩壊したために、子会社が親会社（ソ連外務省）を吸収するかたちで拡充した。その際に組織内では人事問題で軋轢が起こり、かなりの数のベテラン外交官が職場を去った。また独立後しばらくは財政状況の悪化で、新規の採用が極端に少なくなった。

しかし一九九〇年代後半から、給与の引き上げを含む組織の立て直しがなされ、現在では本省に三〇〇〇人から四〇〇〇人が、また在外では大使館などにおよそ七〇〇〇人から八〇〇〇人が働いている。これだけの人員が世界の至る所で活動している事実だけをとってみても、外務省が政策決定で果たす役割が無視できないことがわかる。この点では、ソ連時代に多数活躍していた各種メディアの特派員が、現在では財政事情からきわめて減少しており、ニュース源を外国のマスメディアに依存している状態であることを併せて考える必要がある。外務省の持つネットワークはひじょうに重要になっているのである。

一般的に外交官の仕事は、自国を代表すること、任国の情報を集めること、交渉をすること、邦人の保護をすることの四つに大別される。ソ連時代にはロシアの外交官は西側諸国にいると活動が限定されていたため、自国を代表する職務は大使館の幹部職員がもっぱら行なっていた。また、ソ連国民が西側諸国に来ることも限られていたので、邦人保護の仕事はほとんどなかった。現在はこの点は大きく変わり、他の多くの国の大使館員と同じように活動している。

しかし、ロシア外交官の主要な仕事は、昔も今も任地における情報の収集とさまざまな問題をめぐる外交交渉である。一九三〇年代には、多数のベテラン外交官が粛清され、グロムイコのような高等教育を受けただけの人間を他所の部局から大量に受け容れたために、外国語での会話能力の乏しい外交官がかなり見受けられた（グロムイコは経済学者で、外国語による会話能力は三十代初めに外交官になってから身につけた）。言葉による意思の疎通の難しさは、多くの誤解を生み出したものと思われる。この状態では、情報の収集もかなり限定されていたようである。こうした傾向は、一九五〇年代にフルシチョフが大使職に外交経験のない者を登用したためにさらに悪化したといわれる。

現在のロシアの外交官は、そのかなりの部分が外務省付属モスクワ国際関係大学（ＭＧＩＭＯ、ムギモと呼ばれる）を卒業している。この大学は一九四四年に、戦後世界におけるソ連の国際的活動を考えて、対外関係業務の担当者を大量に養成する目的で設立されたもので、創設時から語学教育にエネルギーを注いできた。この大学の卒業生が外交官の中で多数を占めるにつれて、西側諸国との意思疎通は改善されていった（なお同大学の卒業生のかなりの部分は、国際問題を扱うジャーナリストにもなっている）。

ロシアの外務省の場合には、入省した職員は特定国の専門家として育成されるために、現在では彼らの語学能力は一般にきわめて高い。日本の場合に

表6　1917年以降の外相

	外　相　名	任期（年月）
ソ連	L．トロツキー	1917.11－1918. 3
	G．チチェーリン	1918. 3－1930. 7
	M．リトヴィノフ	1930. 7－1939. 5
	V．モロトフ	1939. 5－1949. 3
	A．ヴィシンスキー	1949. 3－1953. 3
	V．モロトフ	1953. 3－1956. 6
	D．シェピーロフ	1956. 6－1957. 2
	A．グロムイコ	1957. 2－1985. 7
	E．シェワルナゼ	1985. 7－1991. 1
	A．ベススメルトニフ	1991. 1－1991. 8
	B．パンキン	1991. 8－1991.11
	E．シェワルナゼ	1991.11－1991.12
ロシア	A．コーズィレフ	1990.10－1996. 1
	E．プリマコフ	1996. 1－1998. 8
	I．イワノフ	1998. 9－2004. 3
	S．ラヴロフ	2004. 3－

は、ロシア語専攻の外交官が駐ロ大使になることは稀だが、ロシアでは日本語専門家が駐日大使になることは珍しくない。もっとも、日本語のような非欧米言語については、伝統的にモスクワ大学アジア・アフリカ学部の出身者など、モスクワ国際関係大学以外の大学の卒業生が担ってきた。

ロシアの場合、外交交渉では中央集中型が際立っている。外務大臣と第一次官クラスの者に国際交渉のかなりの部分が委ねられている。したがって彼らの外国訪問の機会はきわめて多い。通常、こうした交渉の際には、部下の外交官は関連する情報の収集や問題点の整理などを担当する。ソ連時代にはドブルイニン（一九一九－二〇一〇）のように、大使が任国で自己の裁量で意見交換をする例がみられた。しかし、ロシア時代になって大使としての赴任期間が短くなったために、こうした事例は減っているようである。

また、外務省の交渉チームと国内の他の機関との関係では、多くの問題があるようである。たとえば、外務省は第一次チェチェン紛争の際に、欧州安全保障協力機構（ＯＳＣＥ）や国連などでロシアの意図を説明する役目を担ったが、軍部との連絡が悪くて十分な活動ができなかったといわれる。こうした欠陥の克服は、外務省の努力だけでは不可能である。大統領と他の省庁の対応にかかっているからである。

なお、ロシアの外務省も日本の外務省と同じく、国内政治の圧力から自由ではない。外交官はしばしば国会議員から、外国に対して軟弱だという非難を受けている。また外務省は、特権的階層の出身者によって占められていると批判されがちである。もちろん、外務省は、国内の諸勢力から幅広い支持を受けるために広報活動に努めている。

5　軍部と国防省

ロシアの対外政策を考えるとき、軍も無視できない存在である。しかし軍の場合は外務省と異なり、対外政策全般に直接的に関わるわけではないので、国内政治の中におけるその位置を中心にして対外政策との関わりをみる必要がある。

ロシア軍は、一九九二年の時点で兵力は二八〇万人と、数からいえば膨大であった。しかし内実は極度の混乱状態にあった。まずソ連時代にあった十六の軍管区の中で、ロシア領内に残った八つの軍管区はソ連時代には二流の軍管区であった。その施設の拡充だけでも大変なのに、それに加えて、ワルシャワ条約機構を通じて東欧諸国に駐留していた部隊が次々に国内に撤収し、兵士たちは文字通り住む場所もない状況に置かれたのである。当然、軍の士気は極度に落ち込んだ。さらに経済改革による国家財政の悪化を受けて、軍は予算執行の遅滞に悩まされた。また、ソ連時代に聖域とされた軍需産業も、国家からの注文が激減して苦境に立たされた。こうして、ソ連時代に絶大な勢威を誇った軍部と軍需産業は、一九九二年の時点で未曾有の危機を迎えた。

しかし、一九九二年から一九九五年までは軍の改革は遅々として進まなかった。ソ連崩壊後に次々に軍関連の問題が噴出したからだが、それだけではなかった。エリツィン大統領は国際関係の改善を理由に軍の縮小を図ろうとしたが、軍の中堅以上には依然としてアメリカの脅威を説く者が多く、水面下で両者の対立が続いていたのである。

一九九六年になって大統領選挙が目の前に迫ると、エリツィンは軍の問題を放置できなくなった。そこでまず、兵員の補充の一部に契約雇用制を導入する案を示した。これは若者の間で徴兵制が不人気だったからであるが、このために要する多大な費用の出所については不明なままであった。エリツィンはまた、軍の抵抗を押して改革を進めるために軍部の外に国防会議を設置した。

こうして「二〇〇五年までのロシア連邦の軍建設の概念」と題する基本文書を作成する動きが始まったが、すぐに国防省および参謀本部と国防会議の対立が表面化した。国防会議が提出した草案は、これまで軍部が独占していた軍の管理システムを改め、同時に財政的理由から二〇〇〇年までに兵員を一二〇万人まで縮小する必要があると主張した。これに対して軍部の提出した草案は、ロシア周辺に今もなお存在する脅威を考えると、兵員を一二〇万人まで縮小することはロシアにとって危険で受け容れられないとするものだった。

一九九七年五月に、この対立は後者の一方的な敗北に終わった。エリツィン大統領が軍の改革の遅れは軍上層部に原因があるとして、上層部を一新したのである。この時期の軍上層部の更迭は、エリツィン政権が近い将来周辺諸国からの侵略の恐れはないと判断した結果であった。その意味でいえば、この決定は国内政治として処理されたケースであるが、同時に深く対外政策に関わっていた。

エリツィン大統領はこの時、戦略ミサイル軍で活動してきたセルゲーエフ（一九三八－二〇〇六）を国防相に任命した。彼はエリツィン大統領と同じく、核兵器さえ最新の状態で保持できれば、それでアメリカとの戦争を阻止できると考えていたようで、政治指導部にとって好都合の人物だった。ちょうど、この時期にロシアは最新の大陸弾道ミサイル、トーポリMを実戦配備しつつあったこともあり、セルゲーエフはエリツィン大統領にひじょうに従順な国防相となった。この状況を利用し、エリツィンはさらに軍の改革を推し進めようとした。まず六月に、国防会議に付属するかたちでチェルノムィルジンを議長にした軍建設委員会と、チュバイスを議長にした軍改革の財政的経済的条件確保委員会を設置した。さらに七月には大統領令「ロシア連邦の軍改革とその構造に関する最初の措置」を発した。それは軍の定員を一九九九年一月から一二〇万人とすること、それとともに軍の編成の近代化を促進することを骨子としていた。

同時にエリツィンは給与未払い問題などを解決することを約束して、軍の不満をかわそうとした。しかし、経済は改善せず、改革の財源を見出すのは困難であった。それどころか、一九九八年夏に起きた金融危機によって、ロシア経済は一時、混乱状態に陥った。この結果、軍の改革も短期間ながら宙に浮いてしまった。

二〇〇〇年春、プーチンは大統領になるとすぐに軍事ドクトリンを承認した。それは一九九八年八月にエリツィン大統領が承認した「二〇〇五年までの時期の軍建設政策の基礎」を踏襲し、ソ連時代から残る国防省の管轄以外の準軍事組織——内務省軍、国境警備軍、鉄道部隊、連邦保安庁軍など——について、それらの活動を軍が主体となって調整すると規定した。軍事組織の一元化に向けて動き出したのである。その目的は、明らかに重複した業務を簡素化し、広い意味での軍事支出を倹約することにあった。

また新軍事ドクトリンには、兵器輸出を促進することも盛られていた。実際にプーチンは二〇〇〇年末から矢継ぎ早に兵器輸出関連の組織改革を行ない、輸出を促進する措置を講じた。こうした上からの圧力を受けて、ロシアの武器輸出額は二〇〇一年には三七億ドル、二〇〇二年には四八億ドル、二〇〇三年には五六億ドルと急速に増大していった（輸出額は推定値）。プーチン政権はこうした動きと並行して、外国に向けて、兵器輸出は純粋に経済的取り引きだという説明を加えるようになった。ロシア製兵器を購入する国は、インド、中国、イランなどアメリカに非友好的な国家が多いために、外交的問題を引き起こすことを懸念したのである。しかしもちろん、こうした問題はアメリカとの関係に影響した。

ともあれ、二〇〇一年になると軍の改革はいっそう明瞭になった。プーチンは三月にセルゲイ・イワノフ(一九五三－　)を国防相に任命した。彼はKGBで長く働いてきた経歴を持つが、軍人ではないという意味で文民に違いなかった。これまで外部の人材が何人も国防次官には登用されていた。しかし国防大臣に文民を任命するのはロシア連邦になって初めてのことであった(ソ連時代には、文民の国防大臣が存在した)。しかも任命されたのが、大統領のもっとも信頼する人物であったので、この人事は大きな意味を持っていた。おそらくプーチンは、軍の排他的体質を改める意図をもって、この人事を行なったのである。彼は七月には、兵器輸出を管理する国防省中央国際軍事協力局長にも、KGB出身者を送り込んだ。こうして、軍の改革はいよいよ本格化した。軍の近代化はプーチン大統領の公約の一つであった。

この時期には、軍の組織改革も進展した。まず、先に一体化した核ミサイル軍をふたたび戦略ミサイル軍と宇宙軍に分離して兵科に格下げし、基本的に陸、海、空の三軍種体制へ移行させることが決まった。次に、ヴォルガとウラルの軍管区が統合された。こうした措置によって指揮官を含む人員の削減が可能となった。さらに二〇〇二年九月には、長く討議されてきた契約による人員の補充がプスコフの空挺師団を使って実験的に導入された。プーチンはこうした措置を講じるとともに、軍への予算を増大させた。一九九九年から改善しはじめた財政状況がそれを可能にしたのである。

以上のような動きを受けて、これまでのように軍の問題はすべて軍人に任せるのではなく、軍の行政については国防相に一任し、軍の作戦指導のみ参謀本部に任せるという分業が始まった。さらに、二〇〇三年度から軍事予算の細目の半分ほどが開示された。軍の予算はさまざまな項目に隠されており、しかも公表されたとはいっても、チェチェンにおける作戦費用など重要項目が依然として開示されていないのであるが、部分的であれ、開示が重要な動きであることは確かである。

しかし、イワノフ国防相によって軍の近代化が完成したと考えることはできない。たしかにプーチンとイワノフは前政権の軍上部に対する態度を改め、軍人たちの待遇改善に努めた。この結果、軍は全体としてプーチン政権の支持母体へと変わっていった。しかしその反面で、ロシア軍の構成は中堅以上の将校が多い、いびつな状態のままであった。

そこで二〇〇七年初頭に、プーチン大統領はイワノフを第一副首相に昇格させ、代わりセルジュコフ（一九六二－　）を国防相に任命した。セルジュコフはプーチンの腹心の一人であるズブコフの娘婿で、軍人としての経歴はなく、ビジネスで成功を収めた人物であった。その後にセルジュコフが取った行動からみて、プーチンが彼に託したのは、その経営能力を生かして軍組織を作戦遂行能力のある組織に変えることであったと考えられる。

この課題の遂行は、二〇〇八年夏のジョージアとの戦争で容易になった。この時ロシア軍は、ロシア連邦になってから初めて国外で軍事作戦を行なった。言い換えれば、軍はソ連時代と同じく、対外政策の道具として機能できる状態にあることを示したのである。しかし同時に、さまざまな欠陥も露呈した。当時のロシアの参謀総長が戦争の後に語った言葉によれば、このとき軍の上層部は、戦場で指揮を執ることができる「少佐、大佐、将軍」を全軍の中から探さねばならなかった。さらに、戦闘に従事した部隊に、現代的な武器や装備が与えられていなかったことも判明した。要するに、この戦争はロシアが軍事大国として蘇りつつあるという評価に根拠がないことを示したのである。

こうして、二〇〇八年の戦争の後に中堅以上の軍幹部が更迭され、陸海空の軍が参加する軍事訓練が真剣に実施されるようになった。二〇一四年以降のウクライナ危機、そしてシリア内戦でのロシア軍の活動は、二〇〇八年以降の軍改革の成果を示す機会になった。

6 対外経済関係

日本の対外政策では、かなり以前から貿易問題が大きな比重を占めている。貿易は日本経済の大きな柱で、その増減は国民生活に大きな影響を与えるからである。対照的に、ソ連の対外関係では貿易は重視されずに来た。ソ連時代には貿易をできるかぎりわずかにし、必要なものだけを外国から購入するという自給自足の経済運営を行なってきたからである。基本的に外部経済に依存しないという政策は、ロシアが資源大国で、外国から必要資源を買う必要がほとんどない国だから可能であったのである。

それでは市場経済が導入された後には、ロシアの対外政策に占める経済問題は重要性を増したのであろうか。結論からいうと、二〇〇〇年代前半に起こった石油価格の高騰によって、ロシアの経済問題は対外政策にひじょうに複雑に関わるようになった。以下、この点を考えるために、二〇〇〇年以降のロシアの対外経済関係の特徴を順に挙げてみよう。

第一に、規模からいうと、ロシアの貿易額は人口や経済規模に見合わず、相変わらず小さいままである。執筆時点で得られる最新の二〇一四年のデータ（世界銀行のデータ）によれば、世界の総輸出額と総輸入額に占めるロシアの輸出額と輸入額の割合は、二・六二％と一・六一％にすぎず、人口が一六〇〇万人余り少ない日本のそれが、それぞれ三・六〇％、四・三一％であることをみれば、あるいは人口がロシアの四五％程度（国内総生産はロシアの一・六倍程度）のイギリスのそれが、それぞれ二・六六％、三・五八％であることをみれば、その規

表7　ロシアの輸入品構成

	2000	2005	2009	2010	2011	2012	2013	2014
食料、農産原料（繊維原料を除く）	21.8	17.7	17.9	15.9	13.9	12.8	13.7	13.9
鉱物資源	6.3	3.1	2.4	2.3	3.2	2.4	2.2	2.5
化学工業品、ゴム	18.0	16.5	16.7	16.1	15.1	15.3	15.9	16.2
皮革原料、毛皮、それらの製品	0.4	0.3	0.5	0.5	0.5	0.5	0.5	0.4
木材、セルロース、紙製品	3.8	3.3	3.0	2.6	2.2	2.0	2.1	2.1
繊維、繊維製品、履物	5.9	3.7	5.7	6.2	5.5	5.7	5.7	5.7
金属、宝石、それらを使った製品	8.3	7.7	6.8	7.3	7.5	7.3	7.2	7.1
機械、設備、輸送機器	31.4	44.0	43.4	44.4	48.4	49.9	48.5	47.6
その他	4.1	3.7	3.6	…	3.7	4.1	4.2	4.5

典拠：Rosstat（ロシア連邦統計局のウェブサイト）

模の小ささが理解できるだろう（世界全体の商業サービスの取引でも、そこに占めるロシアの割合は、日本やイギリスなど経済先進国のそれよりもかなり低い）。

ここからすれば、現在のロシアはたしかに自給自足の経済を目指していたソ連とまったく違う国になっているといっても、国内総生産で世界第一〇位の経済規模にふさわしい貿易国になったわけではないのである。このために、貿易それ自体は、相変わらず対外政策にとってマイナーな問題と受けとめられがちである。

第二に、貿易規模は小さいけれども、ロシアは一九九二年以降に独特なかたちで経済を発展させてきたために、政治指導者がどのように考えようと、客観的にはロシア経済は特殊なかたちで国際経済に依存するようになっている。この点を確認するために、**表7**をみてみよう。

ここからわかるように、ロシアの輸入品目では、機械、設備、輸送機器の額が異常なほど突出している（二〇一四年では、額にして一三六〇億ドル）。スペースの都合で示せなかったが、この項目は二〇〇四年からつねに全輸入額の四〇％以上を占めているのである。それでは、十年以上にわたり機械・設備などを大量に

図9　2014年のロシアの輸出品構成

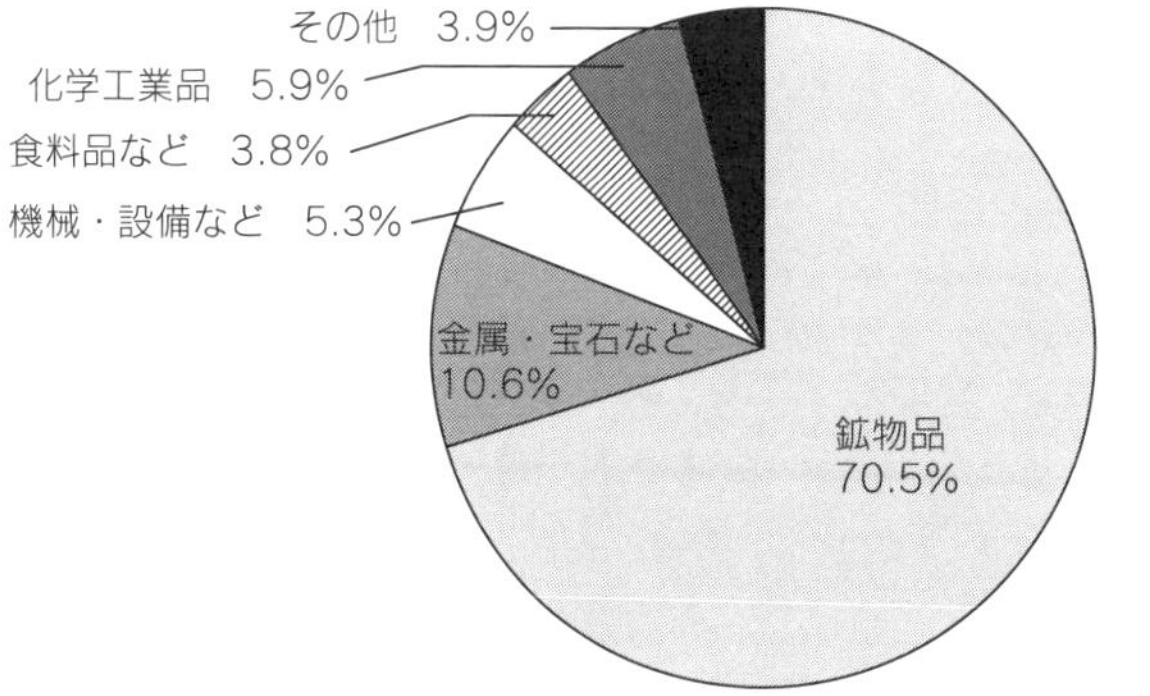

典拠：Rosstat（ロシア連邦統計局のウェブサイト）一部加工した。

輸入し続けているという事実は、何を意味するのだろうか。経済専門家の中には、ロシアは自動車生産では（外国モデルの生産もあって）生産基盤を保持しているが、工作機械（機械を作る機械）では生産基盤が壊滅状態で、外国から輸入したものを使う以外になくなっていると指摘する者がいる。もしそれが事実であれば、大規模投資を行なって先端的工業部門を国内に創出しない限り、ロシアの製造業はいつまでも輸入した機械や設備に依存せざるをえないのである。

次に、同じ観点から輸出品構成をみてみよう。**図9**が二〇一四年の輸出品構成を示している（出典は輸入品構成と同じロシア連邦統計局のウェブサイトだが、一部を加工した）。表から明らかなように、ここでは鉱物資源が突出している。これはよく知られるように、石油や天然ガスなどエネルギー資源の輸出額がきわめて大きいからである。二〇〇一年の時点ではその割合は五四・七%だったのであるが、その後に輸出量が増えただけではなく、石油価格が大幅に上昇した結果、二〇一四年では総輸出額である四九七〇億ドルの七〇・五%（金額で三五〇〇億ドル）を占めるようになったのである。

そのことが意味するのは、ロシアの輸出額は石油価格次第で大きく上下するということである。さらにいえば、ロシアの税収入のほぼ半分がエネルギー資源関連の税金であるから、その価格変動はロシアの国際収支ばかりか、国家財政そのものに影響するのである。石油価格は短期間で大きく変動するので、ロシア経済はひじょうに不安定な構造になっているといえよう。もちろん、ロシアの政治指導者も大量にエネルギー資源を輸出し、大量に機械・設備・輸送機器を輸入するという貿易構造に不安を感じており、経済を多角化したいと考えている。しかし、石油価格が高騰している状況ではなかなか実現できないのである。

ちなみに、**図9**から明らかなように、輸出でも機械・設備・輸送機器が一定の割合を占めているが、これはロシアが武器類を輸出しているからである。武器輸出額は通常は公表されないので推定値であるが、近年ではロシアはインドなどに一三〇億ドル程度を輸出しており、アメリカに次ぐ第二の武器輸出国になっている。

以上、第一にロシアの対外経済関係の規模の小ささを、そして第二にその輸出入構成をみてきたが、それでは近年の貿易相手国はどのようになっているのだろうか。第三として、この点をみてみよう。**表8**は、二〇一四年の時点でロシアとの輸出入額の合計が大きい国を順に並べたものである。

この表で第一に注目されるのは中国の台頭である。二十一世紀初頭には、中国はロシアの貿易相手国としては、上から五番目に入るか入らないかというレベルにあったが、近年ではヨーロッパ諸国を抜いてロシア最大の貿易相手国になっている。これは中国から工業製品などを輸入し、ロシアがエネルギー資源を輸出するという関係が定着してきたからである。この関係は、二〇一四年以降にロシアが中国にさらに接近し、将来の天然ガスなどの長期供給契約を締結した事実からみて、今後もしばらく続くと予想される。言い換えれば、たしかに、中ロ両国間では歴史的に形成された相互不信がいまも残っているが、近年の貿易関係は両国が相互不信を克服し、い

表8　ロシアの主要相手国との貿易額

国	2011年		2012年		2013年		2014年	
	輸出	輸入	輸出	輸入	輸出	輸入	輸出	輸入
中国	35030	48202	35766	51634	35625	53173	37505	50884
オランダ	62695	5925	76886	5978	70126	5837	67962	5248
ドイツ	34158	37683	34995	38305	37027	37917	37124	32963
イタリア	32658	13402	32301	13432	39314	14554	35746	12723
ベラルーシ	24930	14509	25085	13723	20228	13959	19718	11786
トルコ	25350	6360	27426	6859	25476	7273	24448	6651
日本	14644	15017	15509	15649	19668	13561	19875	10922
アメリカ	16425	14584	12867	15317	11135	16502	10679	18497
ウクライナ	30492	20123	27215	17945	23813	15791	17114	10748
韓国	13360	11582	13855	10955	14867	10305	18287	9024
ポーランド	21367	6651	19892	7474	19582	8326	15932	7075
カザフスタン	14099	6579	15697	10051	17632	5887	13892	7159
イギリス	14003	7180	15028	8192	16449	8106	11505	7810

単位：100万 US ドル
典拠：Rosstat（ロシア連邦統計局のウェブサイト）

ちだんと緊密に結びつく方向で作用しているといえよう。

第二に、伝統的に緊密な経済関係を築いてきたヨーロッパ諸国との関係の深さも注目に値する。**表8**に挙げた十三国の中に、ウクライナなど旧ソ連諸国を除いても、オランダ、ドイツ、イタリア、ポーランド、イギリスとヨーロッパの国が五国も入っている事実は、ロシアにとってこの方面がどれほど重要であるかを示している（表には出ていないが、フランスやフィンランドなどもロシアの貿易関係でつねに上位に入っている）。このうちオランダは、ヨーロッパ諸国からロシアへ輸出する物資の中継基地として機能しており、これに対してドイツは、二〇一一年に稼働し始めた北欧パイプライン（ノルド・ストリーム）を通じて、ロシアから大量の天然ガスを輸入している。イタリアとポーランドも、ロシアから大量の天然ガスを輸入している国である。また、長いあいだ、EU諸国は消費している石油と天然ガスの四分の一程度をロシアから調達してきた。いうまでもなく、ロシアはヨーロッパ諸国から工業製品などを大量に輸入している。ウクライナ危機以降、ロシアとヨーロッパ諸国との関係は緊張に向かったが、客観的にみて、双方の間に経済的な相互依存関係が定着していることは否定できないのである。

第三に、旧ソ連諸国の位置が注目される。じつは二〇〇〇年代の初頭までは、ベラルーシとウクライナはロシアの貿易相手国ランキングで上位五国の中に入る国だった。したがって、**表8**は、両国は依然として重要な貿易相手国ではあるが、主要な相手国の中では、その重みを失いつつあることを示している。ウクライナの場合は、数度にわたって起こった関係の悪化が、貿易関係に影響を及ぼしたといえよう。またベラルーシの場合には、同国の経済的停滞が、貿易相手国としての地位を押し下げているようにみえる。

以上からすれば、ロシアはソ連とは違って対外経済関係を拡大してきたが、現時点でも経済的相互依存関係を重視する国家になったとは言い難い。プーチンの場合にはむしろ、ソ連時代にソ連指導部がそうであったように、二国間関係をゼロサム的に捉え、自国のエネルギー資源を外交のパワー・ゲームに利用しようとする傾向がみられるのである。

7　世論

世論が対外政策に与える影響は、政治体制によって、また同じ体制でも時期によって異なる。スターリンの時代に世論が対外政策に影響を与えた例を見出すことは困難であるが、同じソ連体制でも、ゴルバチョフの時代にアフガニスタンから軍の撤退を決めたとき、世論がこの決定を後押ししたと考えられている。

ゴルバチョフ以前にはソ連では自由な言論はなく、また選挙も自由な意思を示す機会にはならなかったので、対外政策を公然と議論する政治エリート（通常は、政治家、知識人など）はほとんどいなかった。上層部が決めた政策を国民に説明したり、外国に向けて宣伝したりする宣伝係のみが、対外政策について公然と論じることを許されていたのである。したがって、一般大衆とエリートを区別して対外政策に対する世論の影響を考える西側の世論研究の手法は、ソ連時代には応用できなかった（一九七〇年代頃から、統治のために世論調査がひそかになされていた）。

しかしゴルバチョフの改革が始まると、政治エリートが対外政策を積極的に論じるようになり、多様な議論が新聞紙上をにぎわすようになった。こうした議論の中から、先に触れたさまざまな対外的イデオロギーが輩出したのである。特にエリツィン大統領の時期の対外的イデオロギー論争は、政治エリートの層が厚いことをはっきりと示した。

一般大衆はこれらの政治エリートの議論に影響されつつ、さまざまな機会にその選好を示した。たとえば、一九九三年十二月の選挙の際には、ロシアは西側諸国に結びついて援助をもらうような政策をやめて、恐れることなくインド洋に向かってその勢力を拡大すべきだと説いたジリノフスキーが、ひじょうに多くの支持を集めた。一般大衆は、西側の援助に頼る政府の対外政策に不満を持っていて、こうした行動に出たものと考えられる。もちろん、ジリノフスキーの過激な意見は言いっぱなしに終わったが、それでもエリツィン政権は衝撃を受けて、その西側寄りの対外政策を転換していったのである。また、九〇年代後半には、NATOの東方への拡大に対するロシア国内の批判ムードが、エリツィンの、基本的に親米的な政策を混乱に導いた。アメリカ側は、こうしたエリツィン政権を取り巻く世論状況を考えて、同政権を守るためにかなり慎重に対応した。

これらの例が示すように、自由な言論が許され、自由な選挙がなされるようになると、ロシアの政治家は世論を敵に回すことが難しくなった。それでは、ロシアの世論の世界認識とはどのようなものであろうか。まず以下の調査をみてみよう。

表9は、『イズヴェスチヤ』紙二〇〇二年十月八日号に掲載されたものである。ここからわかるように、一九九五年の時点ではまだかなり肯定的評価を受けていたアメリカは、二〇〇二年には否定的評価を多く受けるようになった。この変化は、他の西側諸国と比べて突出している。明らかに、9・11テロ事件以降のアメリカの行動が、ロシア国民の中にあった否定的評価を強めたのである。この状況では、ロシアの政権は、大衆に親米的と受け取られる行動をとる際には慎重に振る舞わざるをえなかった。逆に、政治エリートは比較的安易に反米的言辞を口にすることができたのである。

しかし、この表をさらに詳しくみると、アメリカに対する否定的認識の増大とともに、アメリカを批判する国家についての肯定的認識が増大していないことがわかる。たとえば、イラクについて肯定的認識は増えていない

表9　対外認識の国民調査1

■ロシア国民は外国に対してどんな感情を抱いているのか？

国名	基本的に肯定的		基本的に否定的		答え難い	
	1995年	2002年	1995年	2002年	1995年	2002年
アメリカ	77.6	38.7	9.0	45.5	13.4	15.8
カナダ	72.8	58.9	2.4	12.9	24.8	28.2
イギリス	76.6	64.1	4.2	14.5	19.2	21.4
フランス	78.9	78.0	3.0	7.1	18.1	14.9
ドイツ	69.0	68.1	11.5	14.9	19.5	17.0
日本	68.5	55.3	9.2	22.3	22.3	22.4
イスラエル	40.8	23.7	20.4	45.9	38.8	30.4
中国	41.2	42.7	21.1	30.6	37.7	26.7
イラク	21.7	17.6	34.7	49.0	43.6	33.4
インド	59.4	62.8	4.8	10.2	35.8	27.0

典拠：『イズヴェスチヤ』紙　2002年10月8日号に掲載された　単位：％

表10　対外認識の国民調査2

■ロシア国民は外国の首都をどの程度知っているのか？

国名	正答率（％）		
	全回答者	18～35歳	50歳以上
オーストリア	43	38	45
アルメニア	67	61	65
ベラルーシ	75	69	75
イギリス	69	74	59
ベトナム	25	21	21
ドイツ	78	74	79
オランダ	17	21	11
ギリシア	47	52	40
インド	57	52	54
イラン	28	26	23
スペイン	51	46	45
カナダ	24	27	20
中国	70	64	68
ノルウエー	32	27	33
ポーランド	66	53	70
ポルトガル	24	21	22
北朝鮮	28	22	30
アメリカ	58	59	52
フランス	80	88	69
スェーデン	35	30	34
韓国	29	28	25
日本	77	76	72

典拠：『祖国雑記』2002年3号（ロシア語）

し、中国、インドといった伝統的にアメリカに批判的な国についての認識も良い方向に変わっていない。

この事実は、世論の中では、対米認識とこれらの国についての認識が結びついていないことを示している。反米的意見は強まったが、イラク、中国、インドについては、かなり多くの者が「答え難い」と回答しているのである。こうした事実は、一般大衆が国際政治についてあまり知識を持たないことを示している。そこでさらに、ロシア人が世界で起こっていることをどこまで知っているのか分析したくなる。しかしこれはどこに国についても、提起するのは簡単だが、調査が難しい問題である。

ここでは、認知度のレベル調査に代わってしばしば利用される調査結果を紹介しておこう。それは、国民は外国の首都をどの程度知っているのかという調査である（**表10**）。この調査は、二〇〇一年－〇二年にロシア全国レベルでなされた。

この表は資料のままで、何も手を加えていない。ここに挙げられた国は、調査時点でなんらかの理由で話題となっていた国だと思われる。

ここからいくつかのことを確認できる。第一に、ロシア人の世界認識は日本人のそれとかなり異なる。ロシア人が五〇%以上の正答率を挙げたのは、フランス、ドイツ、イギリス、スペイン、旧ソ連諸国（ベラルーシ、アルメニア）、中国、日本、ポーランド、アメリカ、インドといった国々である。日本で行なえば、韓国、北朝鮮やベトナムについての回答はおそらく五〇%を超えたであろうし、逆に、旧ソ連諸国についての正答率はずっと低くなったであろう。当たり前のことだが、世界の国民が日々享受している情報は、けっして同じものではないのである。

第二に、ロシア人は、国際政治のいわゆる「大国」について、かなり情報を得ているが、スウェーデン、ポルトガル、韓国、カナダなど、いわゆる「中級国家」については知識が乏しく、正答率がかなり低い。彼らの情報が政治中心、あるいは「大国」中心で、経済情報が乏しいことによるのかもしれない。ともかく、世界についての情報は、全体として、日本や欧米諸国のそれと大きく異なる可能性がある。

第三に、世代的にみると、旧世代の方がソ連時代の友好国（ポーランド、北朝鮮）の首都について正答率が高いようにみえるが、それでも、その差異はそれほど大きくない。どうやら調査時点ですでにソ連時代の知識は風化しつつあったようである。

こうした認知状況は、もちろん、日々の報道によって影響されるが、その基本は、歴史的経緯の中で培われた価値観によって形成されていると考えねばならないであろう。次節で政治文化の問題を議論するので、ここでは差しあたり、以下の点を確認しておきたい。つまり、ロシアでは、世論は対外政策に決定的な影響を与えているとは思われないが、対外政策の決定やその遂行をある程度拘束する要因になっている。その際に、国民の持つ情報は「大国」偏重となっている可能性がある。

ところで、ソ連時代に政権側が世論操作の技術をかなり発達させていたので、現在もこれを駆使して操作しているに違いないという意見がある。このような意見は、たしかに政治の連続性を考えると軽視できない。実際、世論調査におけるプーチン人気は高すぎるようにみえる。しかし、現在利用できる世論調査をすべて操作されているとみなすのも不適切である。現在では、http://www.fom.ru/ や http://www.wciom.ru/ のような独立した世論調査機関のインターネットのサイトがひじょうに多く開放されており、政権側はもはやそれらすべてをコントロールできないのである。世論と対外政策の関係は、ロシアでも慎重に検討すべき時期が来ているのである。

8 政治文化

次に政治文化を考えよう。政治文化は、社会の集団的な政治的態度 attitudes、価値観 values、感情 feelings の複合として定義される。ロシアの場合には、社会学的データが長く入手できなかったために、歴史的傾向が重視されてきた。たとえば、ロシアではピョートル大帝やスターリンのような非情で強力な指導者が尊ばれ、極端から極端に走って中庸の美徳が認められないとか、ロシア人は対外関係では過剰なまでに安全保障を追求するとかいうとき、歴史的傾向を指摘しながら、同時にそれは政治文化を問題にしていたのである。しかし、政治文化は時代とともに変化するので、歴史的傾向だけで議論するのは危険である。厳密な議論を構築するためには、可能な限り、社会学的データを集める必要がある。

さて、政治文化は政治的指導層と国民をともに規定する。別の言い方をすれば、政治文化はその国の政治的課題の設定から、対処の仕方、満足できる解決の様式等々を規定する。また、政治文化は、生活はもちろん、体制の変化とも異なる早さで変化するので、たとえば、大きな戦争の後にしばらく戦前の政治文化が残ることもある。

それでは、ゴルバチョフの改革以降、大きく政治制度や政治過程を変化させてきたロシアは、同時に政治文化をも変化させたのだろうか。この点は、現在までの改革の成否を考える上で決定的な意味を持つ。いくつか関連する調査をみてみよう。

最初の資料である**表11**は、二〇〇三年一月二十八日から二月三日までの期間に、十八歳以上の国民を対象に実施されたもので、雑誌『権力の社会学』の二〇〇三年第二号（同年六月発行、ロシア語）に掲載されたものである（なお同誌は、ロシア連邦大統領府付属行政アカデミーから発行されている学術雑誌で、信頼できる内容のものである）。

質問は、あなたは次の人物をロシアの運命の中でどのように評価しますか、というものである。その回答結果（%）を抜粋して掲載すると次のようになる。枠内の数字は、年齢別に、基本的に肯定的と評価する者のパーセント／基本的に否定的と評価する者のパーセントの順で示してある。

この調査結果から明らかなように、ゴルバチョフとエリツィンについては、すべての世代で基本的に否定的に評価されている。他方で、スターリンについては、世代によって評価は截然と分かれる。つまり、五十代を境にして、それより若い世代では否定的評価が肯定的評価より多いが、それより上の世代では肯定的評価を与える人のほうが多いのである。この結果は、ペレストロイカ以降の改革が、かならずしも国民の多くに肯定的に評価されていないからだと思われる。ブレジネフについての評価を加えれば、五十歳以上の世代では、ゴルバチョフに比べて、彼以前の指導者を肯定的に評価する人が多いのである。ソ連時代の認識については、世代間で深刻な分裂が生じている可能性が高い。

以上の点の時間的変化を考えるために、全ロシア世論調査センターが一九九四年に行なった**表12**の調査結果と比較してみよう（同一の調査ではないので、あくまで目安のためである。またこれは残念ながら世代別調査ではない）。

二つの調査を比較すると、一九九四年から二〇〇三年までに、レーニンについての評価はおおむね変化してお

表11　ロシアの歴史上の人物の評価（2003年）

■あなたは次の人物をロシアの運命の中でどのように評価しますか？　　（単位　%）

人物名	18～24歳		25～29歳		30～39歳		40～49歳		50～59歳		60歳以上		全体	
	肯定	否定	肯定	否定	肯定	否定	肯定	否定	肯定	否定	肯定	否定	肯定	否定
ピョートル	91.7	—	86.8	2.2	91.3	0.8	90.9	0.5	91.1	1.7	85.5	2.2	89.6	1.2
ニコライ2世	29.5	13.5	30.0	15.0	28.7	14.5	30.8	15.0	29.6	13.7	23.1	20.4	28.4	15.5
レーニン	33.3	28.8	31.7	37.4	32.6	41.1	40.7	30.8	47.8	27.1	62.1	15.9	42.1	29.9
スターリン	22.2	45.8	32.2	41.0	30.5	45.5	31.9	45.1	36.8	36.8	51.6	28.5	34.7	40.3
ブレジネフ	17.0	24.0	19.4	18.9	18.2	21.8	24.9	22.8	32.0	18.9	33.3	21.0	23.4	21.4
ゴルバチョフ	18.1	35.1	19.8	37.9	20.0	44.2	19.4	49.0	20.6	47.1	13.2	56.7	18.4	45.9
エリツィン	16.7	38.9	16.7	43.2	13.4	50.3	11.9	56.0	13.1	60.1	9.4	66.4	13.2	53.4

註：このアンケートは2003年１月28日から２月３日までの期間に、18歳以上の国民を対象に実施された。
典拠：『権力の社会学』2003年第２号、2003年６月発行（ロシア語）

表12　ロシアの歴史上の人物の評価（1994年）

（単位　%）

人物名	肯定的評価	否定的評価
レーニン	44	29
スターリン	25	51
ブレジネフ	29	20
ゴルバチョフ	33	40

典拠：1994年全ロシア世論調査センターの調査による。

らず、スターリンとゴルバチョフについてかなり評価が変わったことがわかる。また、スターリンとゴルバチョフについては、一方の評価が悪くなると、他方の評価が良くなるという対照的な軌跡を描いている点も確認できよう。おそらくゴルバチョフ時代に広まった否定的なスターリン観が、ソ連崩壊後になると社会の一部で明確に拒否されたのである。この結果、日本や欧米では、ゴルバチョフを肯定的に評価し、スターリンをヒトラーと同じく否定的に評価する傾向が強いが、こうした傾向は二〇〇三年のロシアではみられないのである（後者のスターリンに対する評価で

図10　制度の評価（1994年）

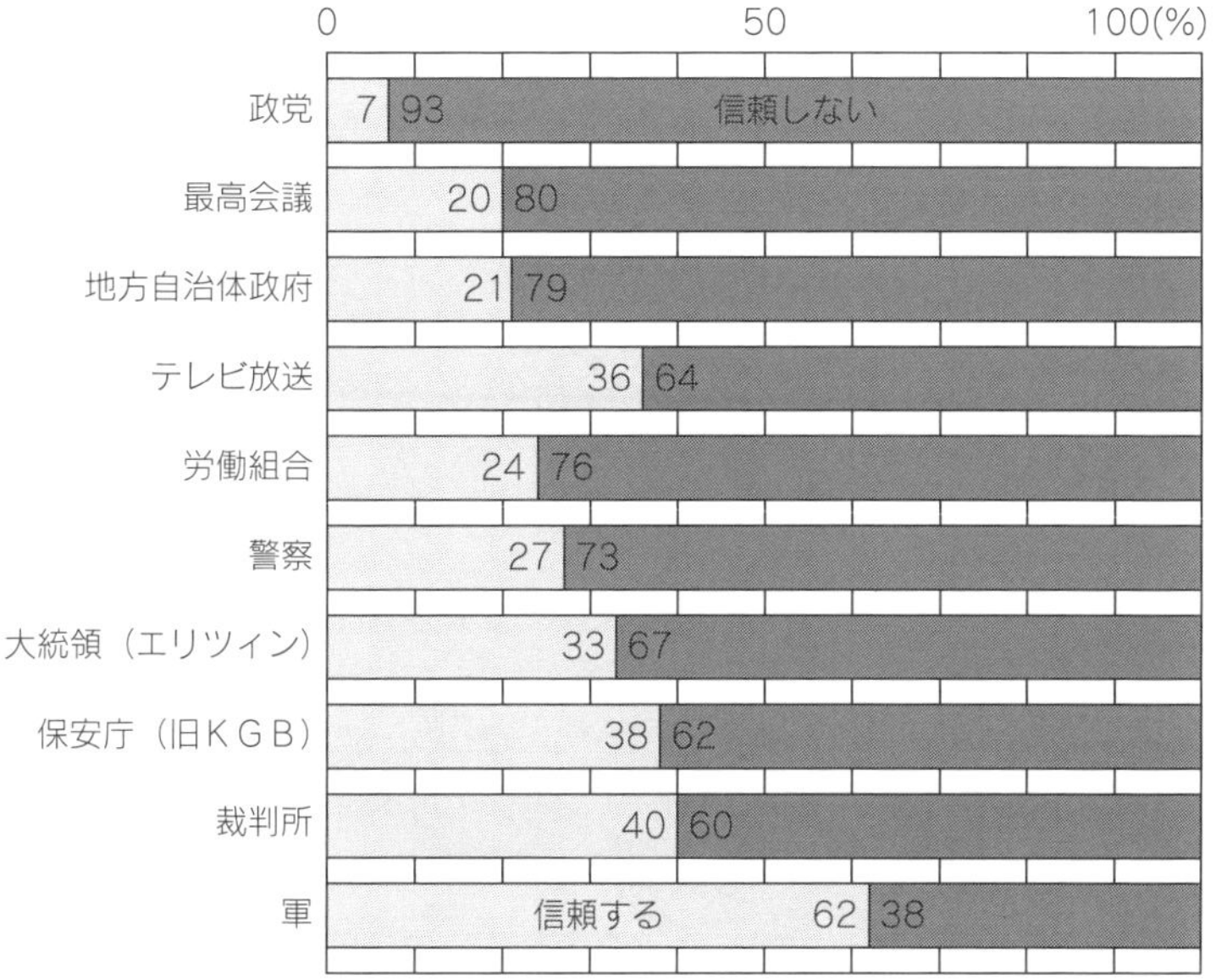

典拠：G. Almond, G. P. Powell, Comparative Politics Today, 1996.

は、肯定と否定の差はわずかに六・六ポイントであり、ゴルバチョフについては、一九九四年も二〇〇三年も厳しい評価が示されているのである)。

　次に、二〇〇三年の調査におけるピョートルに対する高い評価に注目する必要がある。これと比較すれば、レーニンのそれはかなり低いのである。ここで示された興味深い評価は基本的に多義的であると考えられるので、簡単に結論を引き出すことはできない。しかし少なくとも、レーニンに対する評価は、ロシア人が社会主義を再評価した結果として生じているものではなさそうだとはいえよう。

　歴史的人物の評価は社会を映し出す鏡である。したがって現在若い世代が持つ認識が、そのまま時間が経っても維持されるとは限らない。しかしロシア社会の問題は、世代間の歴史意識の分裂が極端なうえに、すでに政治の実権

表13　社会組織と制度に対する信頼調査（2011年11月実施）

（全部を足すと100を超えるものがあるが、そのまま記載）

（単位：%）

	信頼する	信頼しない	回答困難
政党	25	62	13
連邦会議〈上院〉	38	52	10
国家会議〈下院〉	36	55	10
マスメディア	33	55	12
警察	31	57	12
大統領	61	32	7
検察	34	58	9
裁判所	32	57	12
軍	43	46	11
教会	50	39	12
ロシア政府	45	46	9
ロシア科学アカデミー	47	41	13
企業家層	28	62	10

典拠：『祖国雑記』（ロシア語）、第52（2013年1号）、249ページ

が五十代以下の世代に移っていることである。この点を考えると、現在六十代以上の人びとの歴史観が将来のロシアで復活する可能性は乏しいといわねばならないであろう。

全体としてみれば、歴史的人物の評価という物差しでみる限り、近年の民主化は、政治文化の変化を伴っていたとは言い難い。社会主義の復活はもはやありそうもないが、同時に、ゴルバチョフ以降の改革を支える意識も定着していないのである。

それでは次に、新しい制度についての評価をみてみよう。この点では、一九九四年の制度評価がすでによく知られている。それは**図10**のようなものである。

明らかに一九九四年の時点では、新しい制度はほとんど信頼されていなかったのである。この状況がその後どうなったのか、継続的に知ることはできない。そこで別になされたよく似た調査の結

図11　ロシア人の自己評価

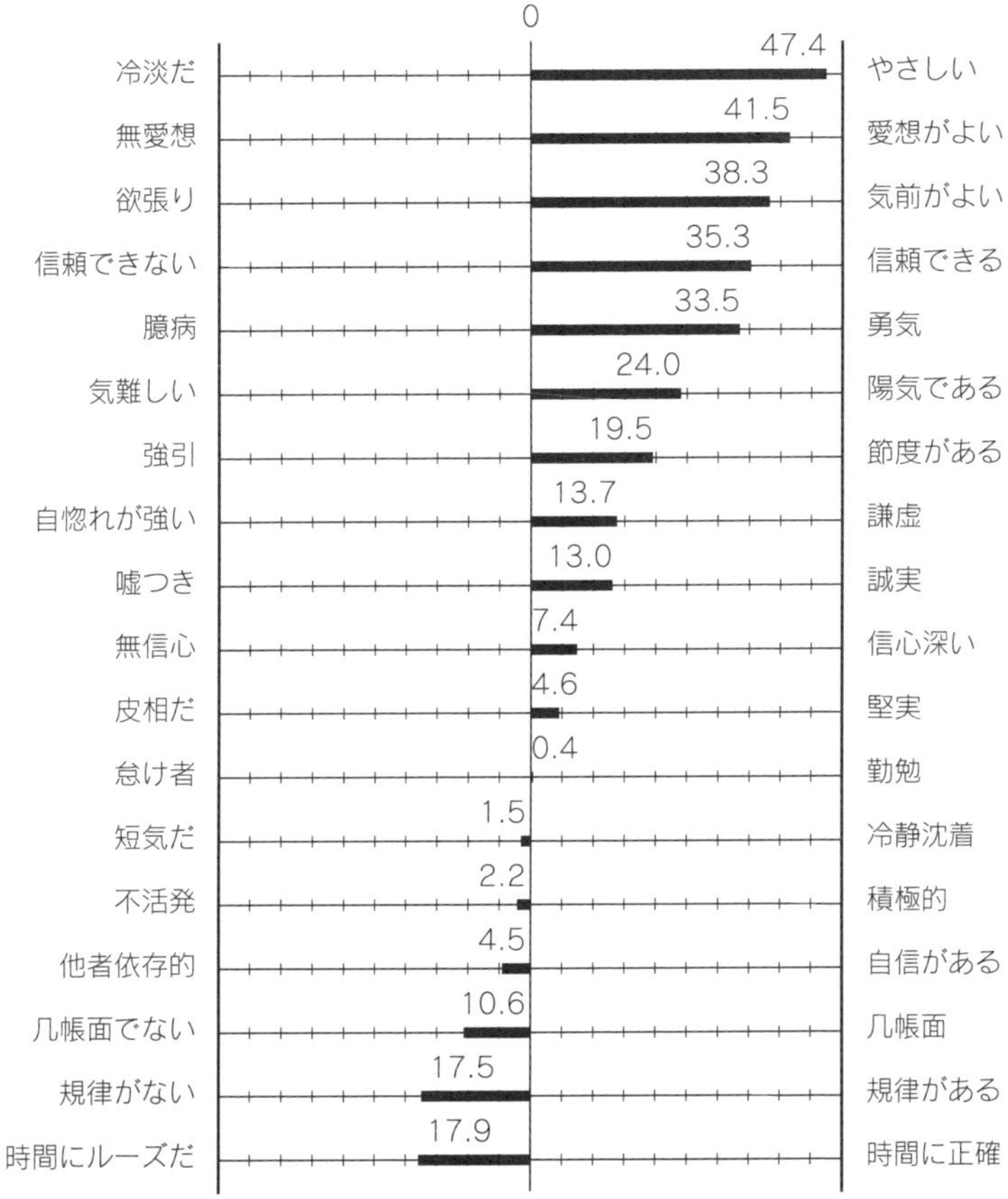

註：18組の性格をあげて、ロシア人はどちらか質問し、集計したもの。
典拠：『ロシア人の目で見た世界。神話と対外政策』（ロシア語）、2003年

果をみてみよう（表13）。これは、二〇一三年発行のロシア語の雑誌『祖国雑記』に掲載された、ユリヤ・シネリナ論文に引用されている世論調査の結果である（もともとは、科学アカデミー社会学研究所宗教社会学部が二〇一一年十一月に実施した調査結果）。

ここで一九九四年と二〇一一年の調査を比較すると、信頼度が増したのは大統領だけであることがわかる。しかしこれはプーチンの個人的人気によるもので、大統領制度に対する信頼度が増大したことを意味するものではないであろう。大統領以外では、むしろ全般的に信頼度が低い状態が続いていることが目につく。この点で特に深刻なのは、議会（上下院）、マスメディア、企業家層など、ゴルバチョフ登場以降に活動機会を得た制度や集団に対する信頼度が低いことである。明らかに、民主的な政治で主要な役割を担うはずの制度や集団が、国民の信頼を得ていないのである。ロシア国民は改革によって新しい制度を生み出したのであるが、それらに信頼を置くことができず、ソ連時代と同様に、政治指導者の手腕に期待をかけているのである。

終わりに、対外関係に関わる政治文化について興味深い資料を一つ紹介しておこう（図11）。これは一九九九年夏になされた、ロシア人の自己評価を尋ねたものである。

ここから、ロシア人の自画像がみえてくる。彼らは自分をやさしくて、愛想がよく、気前もいいし、信頼できて、勇気があるとみているが、同時に、あまり積極的ではなく、自信がなく、几帳面でもなく、規律がなく、時間にルーズだと考えているのである。こうした自己認識は、おそらくなかなか変化しないであろう。言い換えれば、彼らが自国と他国の対外政策を評価する際に、長期にわたって影響を与えるはずである。

まさしく、こうした自己評価と他国についてのイメージが、対外政策の基礎にある。後者について同じ資料に出された例に従えば、二〇〇一年の調査では、ロシア人はイギリス人をまじめで、抑制的で、勤勉な人びととみているが、同時に、横柄で、堅苦しい人びととみている。また、アメリカ人については、事業意欲に富み、積極的だと評価しつつ、同時に、金銭志向が強い、ビジネスばかりの国民で、支配的で、野心満々だとみなしている。同書の解説は、この資料を基に、ロシア人にとって、アメリカ人はイギリス人以上に自分と異なる人びととみなされているという。同書によれば、同様にかなり異質にみられているのが中国人である。彼らは勤勉で、几帳面で、内面の統一があり、頭が良く、実務的積極性を持つが、同時に、狡猾で偽善的だとみられているのである。

ここにあるイメージは長い時間の中で蓄積されたものであるが、何度か大きな事件が起これば自己イメージ以上に変化すると考えねばならない。いずれにせよ、こうした自己についてのイメージと相手国のイメージが複合して、その国に対する政策に影響を与えていると考える必要がある。

そのことを日露関係に即していえば、ロシア人について日本人が抱くイメージは、けっしてロシア人が自分自身について抱くイメージと同じでないこと、また日本人についてロシア人が抱くイメージは、日本人が自分自身について抱くイメージと同じではないということである。どこの国でも、相手国のことを自分の物差しで評価しがちである。ロシアでは、長いこと対外政策を論じるエリートがいなかったために、こうしたイメージについての問題は放置されてきたといってよい。今後はロシア人ジャーナリストが日本について語る報道内容について、より真剣な注意を払うべきであろう。いうまでもなく、ロシアについての日本側の情報についても質を高める必要がある。

9　プーチン時代の対外政策

最後に、プーチン登場後からこれまでのロシアの対外政策をまとめておこう。二〇一四年以降のロシアと欧米諸国の厳しい対立状況を考えると、プーチンは大統領に就任してから一貫して欧米諸国に対抗する路線を取ってきたと考えられるかもしれない。しかし、実際にはそのようなことはなかった。彼は、その時々の国際環境や国内状況に応じて妥協や反発を繰り返しているうちに、冷戦が終焉して以来、みることのなかった緊張した関係を欧米諸国との間に創り出したのである。この変化の過程をここで振り返ってみよう。

まず出発点として、二〇〇〇年の時点でロシアの国際問題の専門家（政治エリート）が対外政策について抱いていた共通認識（コンセンサス）を確認しておこう。この点では、同年七月に公表された「ロシア連邦の対外政策の概念」と題する文書が役に立つ。一九九三年に同様の合意文書である「ロシア連邦の対外政策概念の基本規定」が作成されていたが、この時までに内容が現実と合わなくなったと判断され、外務省とその周辺で活動する専門家によって改定作業が進められていたのである（この文書は外務省により発表された）。以下は、その二〇〇〇年版の「概念」の中で特徴がよく出ていると思われる部分である。

・一九九三年には「ロシア連邦とそれを取り巻く世界との間に、新しい、平等、互恵、パートナー的な関係を創り出すこと」が想定されていたが、この期待は満たされなかった。

・「アメリカの経済的、武力的優位の状態で、一極的構造を生み出そうとする傾向が強まっている。……一方的行動戦略は、国際環境を不安定化させ、緊張と軍備競争を引き起こし、国際的対立や民族的宗教的争いを深刻化させる可能性がある。」

・「国際関係の基本的要素である主権国家の役割を弱めようとする試みは、［他国の］内政への恣意的介入という脅威を生み出している。」

・「国際連合安全保障理事会を迂回して行なう一方的武力行動を正当化するために、国際問題を語る表現の中に『人道的介入』とか『制限主権』といった概念を根づかせようとする試みは受け入れ難いものである。」

ここからわかるように、二〇〇〇年の時点でロシアの政治エリートたちは、冷戦後の欧米諸国の行動、とりわけアメリカのそれにひじょうに批判的であった。その直接的な理由は、一九九八年から翌年にかけて起こった旧ユーゴスラヴィア地域の紛争（コソヴォ紛争）をめぐる米ロ間の認識の違いにあった。ロシアの世論は、この紛争が勃発して以来、歴史的文化的に関係の深いセルビアに同情的であった。しかし、アメリカとヨーロッパの人びとは、コソヴォに住むアルバニア人こそセルビアによる迫害の犠牲者だとみていた。最終的に、対立が深まった一九九九年三月に、NATO軍は国連安保理事会の承認なしにセルビアに対する爆撃を開始し、六月までにセルビア政府軍を屈服させた。この動きにロシアの世論は猛反発したが、自国にNATO軍の行動を阻止する力がないことを認めざるをえなかった。

ロシアからみるとき、NATO軍の爆撃は、上記の「概念」にあるように、国連安保理事会を迂回した内政干渉以外の何者でもなかった。他方、欧米諸国の理解では、人権を重視する立場から特定の国家の主権を制限し、民主的諸国が「人道的介入」を行なうのはやむをえないことであり、国際法違反などと言い立てるべきものではなかった。両者の対立は、このように国際法の受けとめ方の違いから生じていた。しかしそればかりではなかった。ロシア側は、コソヴォ紛争の終結過程で、またNATOの拡大過程で、自分たちの異議申し立てが欧米諸国にほとんど無視されたことに強い憤りを感じていた。「概念」にある、一九九三年時点で想定した「新しい、平等、互恵、パートナー的な関係」が生まれていないという言葉は、このようなロシアの政治エリートたちの不満を表していたのである。

それでは、国内にこのような認識を持つ政治エリートを抱えた状態で、プーチンはどのように対外政策を進めたのだろうか。ここで彼がひじょうに興味深い政策を取っていたことがわかる。それは、一言でいえば、アメリカとの関係の修復を急がず、アメリカ以外の国との関係を優先するというものである。就任後一年のあいだに彼が訪問した国は、ベラルーシやウクライナなど旧ソ連諸国を別にして、十ヵ国以上にのぼった。その中にはドイツやフランスばかりではなく、キューバも中国もインドもリビアも含まれていた。彼は大統領に就任すると同時に、体力に任せて世界中を飛び回り、ロシアが国際的活動意欲を持つ国であることをアピールしたのである。

その一方でプーチンは、アメリカ訪問は急がず、彼が旧ユーゴスラヴィアのリュブリャナでブッシュ大統領と会談したのは、就任から一年以上も経った二〇〇一年六月のことであった。そこで彼が取った対応は、関係の正常化が望ましいとだけ伝え、両国間の意見の違いについてはできる限り言及しないというものだった。プーチンとしては、国内の反米世論を意識すると、これがこの時点でできるアメリカへの譲歩の限界だと考えたのである。それでも、彼の抑制された振る舞いはブッシュに好印象を与え、この会談以後、米ロ両国はコソヴォ紛争後の緊張した関係から抜け出していった。

プーチンがこのようにしてロシアの国際舞台への復帰を印象づけていた二〇〇一年九月に、アメリカで同時多発テロ事件が起こった。この事件はプーチンには対等な米ロ関係を生み出す好機と映ったようである。彼は安全保障に関わる機関の同意を取りつけるや否や、アメリカの対テロリスト戦争をロシアは支援すると表明した。具体的には、アメリカ軍がアフガニスタンに潜むテロ組織アルカイダを攻撃するために、中央アジア諸国にある軍事基地を使用することを認めたのである。おそらく彼は、中央アジア諸国にアメリカの影響が及んでも、ロシア国内で自身が進めていた「テロリスト掃討作戦」を正当化し、アメリカとヨーロッパ諸国に対し、ロシアが彼らと同じ価値観を持つ友好国であるという印象を生み出せるのであれば、その程度の譲歩を行なう価値があると判断したのである。

彼の決定はすぐに効果を発揮した。二〇〇二年のG8サミット（主要国首脳会議）で、ロシアを二〇〇六年のサミットの開催国にすることが決まったのである。これまではロシアはG8サミットのメンバー国であるといっても、政治問題を討議する首脳会談に招かれるだけの存在にすぎなかった。しかし、ロシアのアメリカ接近をみたドイツのシュレーダー首相とフランスのシラク大統領は、いまこそロシアを対等なメンバー国にすべきだと主張し、ブッシュ大統領の同意を取りつけた。これはプーチンにとって願ってもないことだった。彼は二〇〇三年の大統領教書で、「昨年六月にロシアは、世界の主要八カ国の正式メンバーに招かれた」と述べ、この事実を政権が達成した成果の一つに数え上げた。

しかし同時に、プーチンの決定は望ましくない結果ももたらした。その第一は、ロシアと中国の関係を不安定にしたことである。中央アジアは中国にとっても隣接地で、そこにアメリカ軍が入ってくる事態は不愉快な出来事であった。にもかかわらず、プーチンは中国にあらかじめ伝えることなくアメリカ軍を招致した。これではいくら「戦略的パートナー」と呼び合っても、信頼関係は深まらなかった。中ロ両国は二〇〇一年六月に中央アジア諸国とともに上海協力機構を立ち上げ、関係をいちだんと深めようとしていたが、プーチンがアメリカ接近を申し出た九月には冷却期間が訪れたのである。

第二に、プーチンのアメリカ接近はアメリカに過剰な自信を与えた。アメリカはアフガニスタンでのアルカイダ攻撃を短期間で成功させると、同じように軍事力を使って、挑戦的な対外政策をとる独裁国家に体制転換を迫る姿勢を示した。次の標的はイラクであった。同国が大量破壊兵器を保有しているか、あるいは開発を進めているという情報を根拠に、アメリカを中心とする有志連合軍は二〇〇三年三月にイラク攻撃を開始した。ロシアはドイツやフランスとともに、国連安保理事会の場でアメリカの行動を批判したが、軍事作戦の成功を確信するブッシュ政権にまったく相手にされなかった。

この状況は、プーチンを難しい立場に立たせた。国内ではアメリカ批判が高まり、対米協調政策の見直しを求める声があがった。先に挙げた「概念」からすれば、これは当然であった。イラク戦争は、まさしく「アメリカの経済的、武力的優位の状態で、一極的構造を生み出そうとする」動きにみえたからである。そのために、プーチンもこの批判に同調した。しかしその際に彼は、ロシアはテロリストに対する戦争ではアメリカと同一陣営にあると付け加えた。彼としては、米ロ間の友好的関係をなんとか維持したかったのである。

だがその後も、ロシアとアメリカの協調を困難にする事件が次々と起こった。第一に、二〇〇四年三月にバルト三国がブルガリアなどとともにＮＡＴＯに加盟した。これによって旧ソ連から独立した国がＮＡＴＯに加わる事例が作られ、他の国が続く可能性が生まれた。

第二に、二〇〇三年末から翌年末までの間に、グルジア（ジョージア）とウクライナの両国で混乱の中から親米政権が誕生した。このうち特にウクライナにおけるユーシェンコ政権の出現に、プーチンは強い危機感を抱いた。この動きの背後にアメリカがあると考えたようである（アメリカがどこまで関与していたのかは、今も不明である）。二〇〇五年にロシアは、ウクライナに供給する天然ガスの価格割引を廃止すると通告したが、これはユーシェンコ政権に対する揺さぶりであった可能性が高い。ウクライナ側が反発し、価格交渉が難航すると、ロシア側は翌二〇〇六年初頭にガスの供給を一時停止するという策に出た。しかし、ヨーロッパ諸国で批判の声が上がったため、ロシアとウクライナは妥協的解決に向かった。

第三に、ブッシュ政権は二〇〇六年にチェコとポーランドに働きかけて、弾道弾迎撃ミサイルとレーダー基地を設置しようとした。アメリカ側の説明では、これはイランのミサイルに対するものであったが、ロシア側は自国のミサイルの弱体化を図るものだとみなした。このため、特に軍部を中心に反発が広がり、米ロ間の深刻な懸案になった。

以上のような動きに、ロシアも対抗策を繰り出した。第一に、ロシアは次第に中国との関係を修復し、二〇〇五年七月に開催された上海協力機構首脳会談において、アメリカに中央アジアから軍を撤退させる時期を明示するよう求める宣言をとりまとめた。明らかに、プーチンはこれまでの欧米寄りの立場を修正したのである。

第二に、二〇〇六年七月にサンクト・ペテルブルクで開催されたG8サミットで、プーチンはエネルギー資源を前面に押し出し、ロシアが特別な地位を持つことを強調した。このときすでにEU諸国のロシア産エネルギー資源への依存度（輸入量÷消費量）は増大傾向にあり、二〇〇七年には五〇％以上に達した。ロシアも経済的にはエネルギー資源をヨーロッパ諸国に輸出する以外になかったのだが、それが高騰していく状況では相互の力関係はロシアに有利にみえた。

第三に、二〇〇七年二月にミュンヘンで開催された安全保障会議において、プーチンはアメリカ中心の一極構造を構築する動きは「一人の主権者の世界」を創り出そうとするものだと批判した。こうした批判そのものは、上にみてきたごとく二〇〇〇年発表の「概念」にも含まれていたが、この演説ではプーチンは、「わがロシアはいつも民主主義のお説教を受けているが、われわれに教えを垂れている連中は、自分ではなぜか勉強したがらないようである」と痛烈な皮肉を口にした。またこの演説で彼は、ブラジル、ロシア、インド、中国の四国の合計国内総生産がＥＵのそれをすでに上回っていると指摘するのも忘れなかった。彼の目から見るとき、世界は欧米中心の時代から多極的世界の時代に移行しつつあった。当然ながら、ロシアはこのような極の一つになる条件を備えていると考えていたのである。

ここまでくると、欧米諸国は、冷戦後に生まれたアメリカを中心とする国際秩序について再考せざるをえなくなった。これまで欧米諸国は、ロシアはこのアメリカ中心の国際秩序に次第に組み込まれていくと想定していたが、その想定が揺らぎ出したのである。この点に関連して、三つの問題が論点として浮かび上がった。第一はロシアからエネルギー資源をヨーロッパに輸送するパイプラインの建設問題、第二は旧ソ連から独立した諸国とロシアの関係の問題、そして、第三はロシアと中国の接近の問題である。

第一の問題では、いずれにせよロシアの将来は欧米諸国との協調以外にないはずだと考える者は、ロシアからのエネルギー資源を輸送するパイプラインの敷設は、両者の協調関係を促進する策だとみなした。ロシアが天然ガスを送るために二〇〇五年と二〇〇七年に敷設し始めた北欧パイプラインと南欧パイプラインをめぐっては、ドイツ首相シュレーダーとイタリア首相ベルルスコーニがこのような親ロ的立場をとった。これに対して、ロシアは潜在的敵対国だと考える者は、ヨーロッパ諸国は急いでロシア以外のエネルギー資源保有国と提携を深めるべきだと説いた。こうして、アゼルバイジャンやカスピ海沿岸諸国の石油と天然ガスをパイプラインによってヨーロッパに送る計画が、対ロシア政策の一環として議論されるようになった。しかし、この点ではヨーロッパ諸国の意見は一致せず、このパイプラインの敷設計画は進捗しなかった。

第二の問題では、ジョージアとウクライナの動向が決定的な意味を持った。最初に問題が発生したのは前者であった。二〇〇八年八月に、自国領とみなす南オセチアに駐留するロシア軍に対して、ジョージアのサアカシュヴィリ大統領が砲撃を命じたのである。ロシア側はすぐに反撃を開始し、多くの問題を生み出しつつもジョージア領の中央部まで軍を進めた。しかし過剰な反撃だとの批判を受け、短期間で戦争の終結に同意した。

他方、ウクライナでは、ユーシェンコ政権が成立した後に、ロシアはガス価格を交渉するたびに自国との友好関係がもたらす利点をアピールした。ロシアが提供するガスの価格は、すべての国に同一ではなかったからである。こうした戦術は二〇一〇年の大統領選挙で親ロシア的なヤヌコヴィッチが大統領に当選したことで、ひとまず成功した。

こうした状況で、欧米諸国は、ロシアと対立する可能性があるジョージアとウクライナを支援し、近い将来にNATOに加盟させるのか、それともロシアとの関係修復を優先し、ジョージアにもウクライナにも接近しない策を取るかという選択の前に立たされたのである。ブッシュ大統領は早くから明確に前者を支持していたが、イラク戦争で苦しんでいたため、二〇〇八年の戦争では明白にジョージアを応援することができなかった。これに対して二〇〇九年に大統領として登場したオバマは、対ロ政策の「リセット」を表明し、ロシアとの関係改善を目指す政策を進めた。これは当時、ロシアではメドヴェージェフが大統領職に就き、彼も米ロ和解を望んでいると判断したからだと思われる。実際、二〇一二年にプーチンが大統領として復帰すると、米ロ関係はふたたびギクシャクしていったのである。

第三の中国とロシアの関係では、欧米諸国は中ロ両国の間に根深い不信感があること、また、両国の経済構造が必ずしも相互補完的ではないことから、当分のあいだ、接近はないと考えられていた（中国にはロシアが必要とする技術力がなかった）。しかし、二〇〇五年頃から、ロシアは中国とインド両国を加えた三国で協議する機会を積極的に設定し始めた。まず二〇〇五年の上海協力会議で、インドにパキスタンとともにオブザーバーの地位を与えた。以後インドはこの会議に恒常的に代表を送るようになった。さらに二〇〇六年にロシアがＧ８サミットの開催国になったときには、プーチンはＧ８諸国とは別に中国とインドの首脳をサンクト・ペテルブルクに招き、首脳会談を行なった。この動きは二〇〇九年になるとさらに進み、ロシアはＢＲＩＣｓの首脳を招き、毎年持ち回りで首脳会議を開くことを取り決めた。このようにして、ロシア指導部は次第にインドとの関係を損なうことなく、中国との距離を縮めていったのである。

しかしそれでも、ロシアが自国のエネルギー資源の大半をヨーロッパに輸出している状態は、簡単に変えられるものではなかった。ロシアの天然ガスを中国に輸出するためにパイプラインを敷設する案が何度も浮上したが、はたしてそのために費やす莫大な資金に見合うだけの経済的政治的利益を中ロ両国にもたらすのか、誰にも分からなかった。

こうして二〇一二年にプーチンが大統領に復帰した頃には、欧米諸国は中ロ関係の進展に懸念を抱きつつも、それを見守る姿勢を取った。当時は、欧米諸国はそれぞれの国内問題に専念せざるをえない状況にあったために、他に方策がなかったのである。

以上のように、上記の三つの問題で欧米諸国が明快な戦略的方針を決めかねていた二〇一三年に、すでにみたように、ウクライナ情勢が急変した。翌年二月にヤヌコヴィッチ政権が打倒された。ロシアからみるとき、これはウクライナがロシアに背を向け、欧米諸国との関係の強化に向かって動き出したことを意味した。この状況に、プーチンはクリミア半島をロシアに編入する政策を取った。さらに東ウクライナで広がる親ロシア勢力の分離運動を支援する策をとった。この時点でロシア側は、一九九七年以来ウクライナより借用して、自国の黒海艦隊の基地として利用してきたセヴァストーポリ港を確保し、さらにウクライナを紛争状態に置いてNATO加盟を阻止する目標を追求していたようにみえた。

一連のロシアの動きに欧米諸国は驚愕し、すぐにロシアをG8サミットに招請することを取りやめ、ウクライナ支援の姿勢を表明した。しかしプーチンはひるまず、五月に中国への天然ガスの長期供給契約を締結し、さらにその後、ロシアの石油資源地域ヴァンコールの開発権を中国の企業に供与する動きに出た。また翌二〇一五年四月には、最新鋭の地対空ミサイルS－400を供与する決定を行なった。欧米諸国から離れ、中ロ提携路線を推し進める姿勢を鮮明にしたのである。しかし中国としては、アメリカとの間にひじょうに緊密な経済関係を築いているため、ロシアの反米路線に全面的に同調するわけにはいかなかった。こうして、米中ロ三国は複雑な外交ゲームを繰り広げるようになった。

その状態でもプーチンの攻勢はやまず、同年九月、ロシアは欧米諸国と敵対していたシリアのアサド政権を軍事的に支援する動きに出た。これは、冷戦終焉後にロシアが旧ソ連諸国以外で軍事力を行使した最初の事件だった。この時プーチンは欧米諸国に対し、シリア内戦を速やかに終結するために、「イスラム国」という過激派集団に対し共同行動を取るよう呼びかけた。これはシリアの反アサド勢力の中の親欧米的グループを支持してきたアメリカに対し、その政策の再検討を迫るものだった。しかし、この時点でヨーロッパ諸国には数十万人のシリア難民（と約百万人の中東・アフリカからの避難民）が押し寄せていたので、彼の提案はヨーロッパの人びとには簡単には拒否できない響きを持っていた。

こうしてプーチンは、欧米諸国の意表を突く政策を取ることによって、二〇一五年末までに一定の成果を挙げた。一言でいえば、長く欧米諸国の主導の下に進められてきた国際政治の運営に異を唱えたのである。中国やインドの経済的台頭を考えれば、こうした要求を一過的なものとみなすことはできないだろう。しかし他方では、こうした強硬策によってロシアが背負い込んだ負担は重く、ロシアがこの先、世界の中で安定した地位を確保できるのかという重大な問いも浮上してきたのである。

学習の手引き——次に何を読むべきか

どこの地域を研究するにしても、先人の研究は参考になる。関心を持つ問題に関連する本を探すのは、研究の始まりである。こうした本を見つけたら、まず読み通すことが必要である。次に、その本に自分の知らなかったことがどこまで書いてあるか、確認する。そして、自分の知識と本に書かれてあることが食い違っていたら、どちらが正しいのか調べると、作業は一回りする。これによって、たいていの場合は、自分が最初に持っていた知識を正確にしたり、より深くしたりすることができるだろう。

以上と並行して、知識を体系化する作業が求められる。一つの問題に対する回答は、別の問題に対する回答を規定する。たとえば、ソ連は何故崩壊したのかという疑問を抱いたとする。どこかの本に、ソ連は社会主義体制だったからだという回答が書かれてあったとする。この回答は、中国も社会主義体制を取っているから将来崩壊すると考えてよいのかという疑問と、それに対する回答を規定する。中国はソ連とは異なる社会主義体制の国だから崩壊しないと答えるなら、どこが違うのかが次の問題となる。こうして社会主義には色々な定義があることがわかるし、ソ連崩壊の原因が最初に予想したほど簡単に突きとめられないこともわかる。もちろん、中国も崩壊すると答えることもできるが、それは現時点ではいつ起こるかわからない予想である。ソ連の崩壊について回答を与えると、このように別の問題に対する回答が付いてくるのである。

一般に、知識を体系化する作業を行なうようになると、別の地域との比較や、より一般的な定式の発見が重要なことがわかる。実は、この段階でなされる他地域との比較や一般的な定式の発見こそ、ロシアなり中国なりの地域研究を深めていく原動力となるのである。研究を始めたばかりの人は、地域研究というと、ひたすら特定の地域について知識を集めることだと考えがちだが、それはまったくの誤解である。

ともあれ、知識を体系化する過程で、疑問を持って本を読むようになると、すべての本が特殊な目的を持って書かれていることがわかるだろう。極端な場合には、自分の疑問と似たような問題を扱う（と思われた）専門書が、その疑問にまったく答えてくれない場合もある。もしそうした事態に出会ったら、自分の疑問（設問の仕方）に問題があるのか、あるいはその本がまったく異なる枠組みに基づいて書かれているのか考える必要がある。自分の疑問が適切に設定されていない場合が多いのであるが、稀に、その専門書がまったく異なる枠組みで書かれている場合もある。そのときには、すべての本は時代の産物であるから、異なる前提、異なる問題関心に基づいて書かれていても不思議でないと考えよう。このように、先行する研究の背後にある考え方が想像できるようになれば、勉強はかなり面白くなるはずである。

もちろん、社会の現象は多様であるから、自分が関心を持つ事柄について取り上げた本がないという場合もある。そうした場合には、関連する事典を使って概要を知るだけでも研究を始めることができる。次々に関連項目を引いているうちに、だんだんテーマの広がりやそこに潜んでいる問題点がみえてくるはずである。新聞やテレビで出会った新事実に興味を覚えたら、他の国で対応すること（もの）がないのか調べると、「新事実」といわれるものが具体化して、なじみやすくなるだろう。

しかし関連する本や事典といっても、初学者向けのものもあれば、プロの研究者向けのものもある。初学者がいきなり専門家の論争的著作に取り組んでも、労多くして身につくことは少ない。かといって、わざわざ読むほどの内容のない本もある。そこで最初に何を読み、どのような道具を使うべきか、次に述べておきたい。ただしここでは英語やロシア語など、外国語の本は取り上げない。あくまで日本語で書かれた、初学者にとって利用しやすいものに限定して、論じることにする。

まず事典としては『新版ロシアを知る事典』(平凡社、二〇〇四)と『情報総覧　現代のロシア』(大空社、一九九八)が網羅的である。歴史地図としてはマーチン・ギルバート(木村汎監修、菅野敏子訳)『ロシア歴史地図』(東洋書林、一九九七)がある。人名辞典はつねに新しいものが必要になるので、恒常的に適切なものはない。『ロシア地域(旧ソ連)人名辞典』(日本国際問題研究所、一九九二)は一九九〇年代初頭までに知られるようになった旧ソ連地域の政治家や外交官、軍人などの略歴を収録している。その後に登場した人物については、英語やロシア語の人名辞典を使う以外にない。どうしても使えない人は、インターネットで探す。ただしインターネットで得られる情報は、研究書と比べると正確さが劣るので、なるべくインターネット上の複数の記載にあたるようにしよう。重要事件や重要文書について知りたくなった場合には、外務省欧州局ロシア課の『ロシア月報』(月刊の雑誌)が役に立つ。ただし分量が限られているので、収録数は多くない。また、一九九三年に施行された憲法は『ロシア研究別冊2』(日本国際問題研究所、一九九四)に訳出(竹森正孝訳)して掲載されている。同一の訳者によるパンフレット版の『ロシア連邦憲法』(ユーラシア研究所編集、七月堂、一九九六)もある。

研究雑誌としては、歴史では『ロシア史研究』、政治・国際関係・経済・歴史では『ロシア・東欧研究』、経済では『ロシア東欧貿易会調査月報』、そして旧東欧地域と旧ソ連地域の文学、歴史、政治、経済、国際関係の論文を掲載する雑誌として『スラブ研究』と『ユーラシア研究』が代表的である。この他に入手しやすい雑誌として『ロシア研究』が出されていたが、残念ながら二〇〇三年に休刊になった。これらの雑誌に掲載された論文はすぐに読めなくても、卒論を書くときには役立つので、一度大きな図書館(東京都立図書館、国会図書館など)

に行って見ておいたほうがよい（その他の雑誌もあるが、それらについては研究をする過程で調べる以外にない）。

次に、初学者に参考になる本を選んでみよう（当然、内容はしっかりしていても、初学者に難しいものは、ここでは対象から外した。また文献の中にはすでに絶版となったものも含まれている）。ここに挙げたものは自分の研究に関連する本を探す段階で、参考書として読むことを念頭に選んでいる。以下、編別に分けて十五冊ずつ挙げる。まず歴史編である。

■歴史編

1　田中陽兒・倉持俊一・和田春樹編『ロシア史』全三巻（山川出版社、一九九四－一九九七）。多くの日本のロシア史家の手になるもので、通読する時間や根気がなければ、興味のあるところだけを拾い読みしてもかまわない。索引、年表も親切で、読みやすい。私の考えでは、地域研究を始めるために読む歴史の概説書は、あれもこれもと手を出さず、一つの本をじっくり読んだほうがよい。この意味で、概説書として本書が有益である。もちろん他の概説書と読み比べることは学問的で重要な作業であるが、実際には、歴史を史料にあたって調べたことがない者には難しい。

2　B・マヴロージン（石黒寛訳）『ロシア民族の起源』（群像社、一九九三）。民族の起源問題は常に学術的関心事であると同時に政治的関心事である。ロシアでも例外ではない。本書はソ連時代のロシア人歴史家の手になるもので、いわゆる「マルクス主義史学」の概念を利用しているが、民族の起源をめぐる議論は、言語、経済、精神文化の共通性を中心にして構成されており、比較的わかりやすい。一読すると、ウクライナやベラルーシでこうした問題がどのように論じられているのか、興味がそそられるだろう。

3　松木栄三『ロシア中世都市の政治世界』〔彩流社、二〇〇二〕。中世ロシアの都市国家ノヴゴロドの歴史は、ロシアの政治的伝統を考えるとき無視できない意味を持つ。そこでの共和制的政治制度について興味を持つ者には、本書の内容は大変興味深いであろう。中世のノヴゴロドに生きた人びとに焦点をあてた記述は、ほとんど知識を持たない者にとっても読みやすい。政治史として、同時代の日本やヨーロッパ諸国の場合と比較しながら読むこともできよう。

4　R・スクルィンニコフ〔栗生沢猛夫訳〕『イヴァン雷帝』〔成文社、一九九四〕。ロシア史上の重要人物であるイヴァン雷帝について全体的イメージをつかむうえで、この伝記はひじょうに有益である。支配的な貴族階級と教会指導者に対抗するために、雷帝は一部の士族から一種の警察部隊を作った。この部隊はやがて、雷帝の威厳が失墜する危険に直面すると、政敵となる多数の人びとを弾圧する道具となった。こうした統治の在り方が、ロシアの内外で後のスターリンの支配と結びつき、ロシアの政治的伝統を語るうえで不可欠の事象として論じられてきたのである。

5　中村喜和『増補　聖なるロシアを求めて』〔平凡社、二〇〇三〕。日本語でロシアの教会史をわかりやすく説明してくれる本は少ない。この本は直接にロシアの教会の歴史を扱ったものではないが、「旧教徒」と呼ばれる人びとの姿を描くことで、ロシアにおける教会と信仰の在り方を説明し、不思議な感銘を与える。語り口は穏やかで、別段教会に関心がない人にもロシア文化論の一つとして読ませる魅力を持っている。

6　M・ラエフ〔石井規衛訳〕『ロシア史を読む』〔名古屋大学出版会、二〇〇一〕。本書は、アメリカにおける近代ロシア史研究の第一人者による概論である。内容は、ここで挙げる本の中でもっとも難しいかもしれない。

しかし、ピョートル大帝以降のロシア近代史を、ヨーロッパ史についての該博な知識に基づいて論じており、じっくりと読むと、多くのことを教えてくれる。あえて読み方のヒントを挙げれば、中世的なツァーリの支配と、次第に進む政治の制度化との関係に注目するとよいだろう。

7　土肥恒之『岐路に立つ歴史家たち』（山川出版社、二〇〇〇）。日本の代表的近世ロシア史家の手になる、ソ連時代の歴史家と、彼らに結びつくソ連以外の国々の歴史家の姿を詳述する。ソ連という体制やマルクス主義について具体的なイメージを与えてくれる。歴史学と政治との関わりを考えるうえでも有益である。本書を読むと、きっと同時代の日本人歴史家や知識人のことを考えるようになるだろう。社会主義時代のロシアは、日本と世界の人びとにきわめて大きな影響を与えていたのである。

8　T・H・フォン・ラウエ〔菅原崇光訳〕『セルゲイ・ウィッテとロシアの工業化』（勁草書房、一九七七）この本はもう図書館に行かないと手に取ることはできないが、十九世紀末から二十世紀初頭のロシアの状況を理解するうえでひじょうに有益である。訳はあまり読みやすいとはいえないが、著者自身の力量によって、読者をどんどん議論の中に引き込んでいく。読者は、ウィッテという政治家の姿に魅せられて、同時代の日本の政治家を考えたり、あるいは、二十一世紀初頭のロシアの状況を考えたりするようになろう。もちろん、このウィッテこそ、ポーツマス講和交渉のロシア全権代表となった人物である。

9　長谷川毅『ロシア革命下　ペトログラードの市民生活』（中公新書）。この本はロシア革命についてひじょうに明瞭な解釈を下している。ロシア革命は、革命の進行中にすでにいろいろな歴史的意味（歴史的意義）を付与された。しかし、意義を考える前に、現実の革命とはどのようなものか、考える必要がある。本書は、分量のせいか少し結論が飛躍している印象を与えるが、それでも、たとえばジョン・リード『世界をゆるがした十日間』

（岩波文庫）やトロツキー『ロシア革命史』（岩波文庫）などと読み比べれば、ロシア革命を捉える視点の違いに驚くだろう。

10　R・サーヴィス〔河合秀和訳〕『レーニン』（岩波書店、二〇〇二）。これまで、ロシア革命の中心人物であるレーニンの伝記はたくさん書かれてきた。ロシアにおける革命という行為そのものが賛否両論を招いた以上、その評価がさまざまに割れるのは当然である。本書はイギリスの代表的なソ連史家によって書かれた伝記で、多くの資料によってレーニン像に迫っている。ソ連体制とロシアの政治的伝統を考えるうえで役に立つ。

11　O・フレヴニューク〔富田武訳〕『スターリンの大テロル』（岩波書店、一九九八）。一九三七年から三八年まで、ソ連においては大量弾圧があったことはよく知られている。その原因はどこにあったのか、その規模はどの程度であったのかという問題は、ソ連体制の性格を考えるうえで避けて通れない問題である。本書は、ソ連崩壊後に利用可能となった史料を利用して、こうした問題に取り組んだ最初の成果である。スターリンとは何者なのか、むき出しの政治権力とはいかなるものなのか、考えるうえでも役に立つ。

12　A・アプルボーム〔川上洸訳〕『グラーグ　ソ連集中収容所の歴史』（白水社、二〇〇六）。収容所というソ連の政治体制の主要な構成要素について、読みやすい文章で起源から終焉までの歴史を描いた最良の著作。ソ連崩壊後のロシア社会における、収容所についての記憶の問題にまで筆が及んでいる（本書初刷ではフルシチョフ『フルシチョフ秘密報告（スターリン批判）』を挙げたが、同書が底本としたロシア語原本と、一九八九年に『ソ連共産党中央委員会通報』に発表された文書の内容が、似ているけれども、細部で異なることが判明したので、重版時に差し替えた）。

13　H・スキリング〔中西治監訳〕『利益集団と共産主義政治』（南窓社、一九八八）。この本も少し大きな図書館に行かないと手に取ることができない、一昔前の著作である。ブレジネフ時代のソ連の政治を分析する際に、「利益集団」という概念を使って説明できるのではないかと考えたカナダの政治学者の研究成果である。共産党支配の中で「政治的利益集団」が存在するという議論は、当時の西側の学界で激しい論争を巻き起こした。当時のソ連社会には政治的に有意味な利益集団は存在しなかったと考えられるが、政治的多元性の問題は、現在のロシアでも重要な論点である。また、政治学とソ連研究を結びつける試みとしても興味深い。

14 G・ポポフ〔新井康三郎訳〕『ロシア改革への闘争』(中央公論新社、一九九五)。この本はゴルバチョフの改革の時代とともに政治舞台に華々しく登場し、ソ連崩壊からロシアの独立に至る激動の時代にモスクワ市長として一年間活躍した人物の回想である。扱う時期が短いにもかかわらず分量が多く、叙述も非常に明瞭で、ソ連崩壊前後の状況を知るには都合がよい。もちろん読む際には、負けた政治家の回想として、事後の正当化が多い事実にも注意する必要がある。

15 小松久男『革命の中央アジア』(東京大学出版会、一九九六)。歴史編の最後に、多民族国家ソ連の形成史をテーマにする本を挙げておく。中央アジアの歴史は、ロシア史の中でも特異である。ロシア帝国領に組み込まれたのは十九世紀半ばと遅かったばかりではなく、ソ連時代に連邦共和国として形成された国家(現在のウズベキスタン、カザフスタン等になる国々)は過去に国家としての歴史を持っていなかったからである。この本はこうした歴史を、この地に生れ育ったムスリム知識人の運命をたどるかたちで平易に説明してくれる。分量もひかえ目で、読みやすい。

■政治編

次に、政治編の内容をさらに深めるための参考書である。ここも十五冊挙げる。

1 溝端佐登史編『ロシア近代化の政治経済学』(文理閣、二〇一三)。本書に収められた論文は、いくつかの例外はあるが、大半がロシア経済は資源依存を脱し、革新的な技術と発想に基づく経済に変われるのか、という重要な問題に取り組んでいる。本書で使う「近代化」という概念はやや難しいが、その点を理解すれば、一九九〇年代から現在までの時期の経済のみならず、社会や政治面での変化を考える視点が得られよう。

2 中山弘正・栖原学他『現代ロシア経済論』(岩波書店、二〇〇一)。題名は経済だが、内容はひじょうに幅広く、犯罪や貧困などの社会問題から、軍事費、対外経済関係などについて考察する論文を収録している。どこの国の政治でも、中央の政治の動向ばかりに注目していると理解できないことが多い。他方で、社会の側の動向は、漫然として追うのではなく、本書に挙げられているような特定の問題に即して考えると理解しやすい。なお、こうした問題では、情報は必ずしも十分に得られないことに留意して読む必要がある。

3 藤田勇『概説ソビエト法』(東京大学出版会、一九八六)。

4 小森田秋夫編『現代ロシア法』(東京大学出版会、二〇〇三)。

以上の二冊は、ロシアの政治・社会問題を法律と併せて考えようとするとき、まず参照されるべきものである。法律の本は往々にして叙述が難しい割に中味が素っ気ないが、この二冊の本は、ロシアの政治社会を全体的に捉えようとする姿勢が明瞭で、法律学の素人にも理解できる。最初の本はソ連の法律がどのような論理構造で組み立てられていたのか、非常に説得力をもって示している。たとえば、ソ連時代には国民が自発的に団体を形成することは実質的に禁止されていたが、藤田勇はその法的根拠を「体制的制約」原理として説明している。社会主義体制が持つ目的志向性が、一定の制約（不自由）を国民に課していたという説明である。後者の本は、多数の研究者の分担執筆のために内容にバラつきがある点が残念だが、法律という側面からロシアの政治・社会の在り方をひじょうに広くカバーしており、興味深い記述になっている。

5 木戸蓊・皆川修吾編『スラブの政治』（弘文堂、一九九四）。日本の代表的なスラブ地域の研究者（一人だけ、外国人が入っている）による論文集で、ロシアなどいくつかのスラブ諸国のリーダーシップ、制度、政治参加、政治文化を検討している（ただしこの区別はあまり説得的ではなく、個別の論文として読んだほうが良い）。公刊された時点が早く、一九九三年までの時期しかカバーしていないのは残念だが、内容はおおむね平易で、全体を通読すると、この地域の「政治」の概要をつかむことができる。

6 アーチー・ブラウン〔小泉直美・角田安正訳〕『ゴルバチョフ　ファクター』（藤原書店、二〇〇八）。イギリスの著名なロシア現代政治の専門家の手になる著作。翻訳が丁寧で、七〇〇ページを超える分量だが、とても読みやすい。本書は一九九〇年以降にロシアの内外で噴出したゴルバチョフ批判に応えて書かれたもので、ゴルバチョフ擁護の姿勢が鮮明である。そうしたバイアスを考えても、ロシア政治の近い過去を知るうえで有益な一書である。

7 内田明宏編『変わるロシア・ソ連のマス・メディア』（インパクト出版会、一九九三）。ゴルバチョフの改革の中で変化するマスメディアの状況を扱っている。歴史的展望を持って叙述することができなかったために、ゴルバチョフ後の時代のマスメディアについては分析が甘くなっている。しかしロシアにおけるマスメディアと政治の関係を考える際には、まず参考にされるべき著作である。巻末にソ連マスメディア法全文とマスメディア関係年表などが付録として付けられており、有益である。残念ながら、ロシア時代のマスメディアについては日本語の概論が存在しない。

8 上野俊彦『ポスト共産主義ロシアの政治』（日本国際問題研究所、二〇〇一）。ソ連崩壊後の政治過程を、主として制度の変化と国民の投票行動に着目して分析した研究書である。ロシア語の新聞や雑誌など公開資料を基にして、紆余曲折に富む政治過程を丹念に追跡しており、読むにつれて豊富な事実の集積が読者に迫ってくる。こうした労を惜しまぬ作業をしたうえで、著者は、この十年間でロシア国民は「ともかくも民主的な選挙を通じて政治指導者や政策を自分自身の手で選択するという経験を着実に積んできた」と主張している。

9 皆川修吾『ロシア連邦議会』（渓水社、二〇〇二）。選挙によって議会が成立したといっても、実際の議会の機能が明瞭に理解できないと、なかなか政治過程をイメージすることができない。本書は連邦議会が変動期の政治システムの中で果たす機能を、政治システムの統合機能と、立法や政府の監督などからなる応答性機能に分けて分析している。素人には難しい議論も多く、読み進むのは楽ではないが、ロシアの議会という政治の中心について認識を深めることができる（大統領が強い権力を持つというとき、それはたいていは議会との関係で語っているのである）。

10 M・ゴールドマン〔鈴木博信訳〕『強奪されたロシア経済』（NHK出版、二〇〇三）。

11 クライスティア・フリーランド〔角田安正・松代助・吉弘健二訳〕『世紀の売却』（新評論、二〇〇五）。現在のロシアは、一九九〇年代に強行された私有化政策が残した重荷を引きずっている。経済界と政界はどこの国でも深く結びついているが、国家機構や社会を安定的に機能させるためには越えてはならない一線がある。ロシアの場合には、ソ連時代に政治と経済の支配が共産党によって統合されていたために、こうした結びつきを切り離し、それを普通の国並みに作り替えることは極度に難しい。ゴールドマンとフリーランドの本は、「オリガーキ」〈新興財閥。文字通りには寡頭的支配者の意味〉の側の政治的経済的行動に焦点を当てるかたちで、この難しさをひじょうによく示している。二冊とも、とても読みやすい。

12 永綱憲悟『大統領プーチンと現代ロシア政治』〈東洋書店、ユーラシア・ブックレット、二〇〇二〉。

13 ミヒャエル・シュテュルマー〈池田嘉郎訳〉『プーチンと甦るロシア』〈白水社、二〇〇九〉。政治を理解しようとすると、最終的には要路にある人間のパーソナリティを考慮せざるをえない。制度や政治文化が作る限界〈枠〉は、人間という創造力豊かな動物によって、時に予想外なかたちで変形されるからである。そこでどこの国の政治を語るにも、指導的政治家の伝記的内容が引用されることになる〈ただし、読み物としての伝記は、たいていの場合に虚実が入り混じっているので、注意が必要である〉。ロシアのように、伝統的に政治指導者の影響力が大きい国では、指導者の伝記は不可欠である。**12**の本は、プーチンの政治的志向と彼を取り巻く制度や機関に目を向けている。分量のために伝記的事実の発掘は限られているが、分析視点が明瞭でわかりやすい。これに対して**13**の本は、ドイツ人研究者によるプーチン論で、ロシアの復活がもっともよく示されていた時期〈二〇〇六年から二〇〇八年頃〉に書かれただけに、プーチンの行動をロシアの伝統の中で理解しようとする立場を明瞭に打ち出している。またロシアとヨーロッパの共存・協力の可能性を探っている点でも現在のドイツの対ロシア論を反映しており、有益である。

14 R・デイヴィス〈内田健二・中嶋毅訳〉『現代ロシアの歴史論争』〈岩波書店、一九九八〉。本書は、イギリスの歴史家が、ゴルバチョフ時代末期からエリツィン時代にかけてロシアで起こった歴史論争をまとめたものである。ソ連史の重要な人物や事件について一定のイメージを得るためというより、ロシア社会においてどのようにこの種の議論がなされているのか理解するために役に立つ。日本における同様の論争と比較すると、現代社会における歴史の問題について考える材料になるだろう。

15 服部倫卓『不思議の国ベラルーシ』（岩波書店、二〇〇四）。政治編の最後にも、ロシア政治を、マスコミとは異なる視点から見るための本を挙げたい。ベラルーシという国は、旧ソ連から独立した国家の中でもっともナショナリズムの感じられない国である。ナショナリズムが時代のはやり言葉になっている今だからこそ、なぜこの国ではそうではないのか、じっくり考える必要がある。制度の運用の在り方についても、ロシアと比較しながら読むと、大変興味深い。

■対外政策編

最後に、対外政策編の参考書としては、以下の十五冊が挙げられる。

1 トニー・ジャット（森本醇訳）『ヨーロッパ戦後史』上巻、同（浅沼澄訳）下巻、（みすず書房、二〇〇八）。ロシアの対外政策を知ろうとするとき、どうしても必要なのはロシア（ソ連）が政治的文化的に深く関わってきたアメリカおよびヨーロッパの現代史に関する知識である。そのうち、アメリカとロシアの関係を扱う本は日本語でも比較的容易に見出すことができる（以下の**6**、**7**、**8**、**9**参照）。しかし、冷戦終焉後までを視野に入れたヨーロッパ史の本で、日本語で読めるものは、意外なほど少ない。本書は、ロシアを含む東ヨーロッパもまたヨーロッパの一部として捉えねばならないという立場に立って、この地域の戦後史を描き出している。分量が多くて読み通すのは大変だが、ヨーロッパとロシアの関係ばかりか、アメリカを含めた三者の関係についても多くの知見が得られる。

2 伊東孝之・林忠行編『ポスト冷戦時代のロシア外交』（有信堂高文社、一九九九）。ソ連が崩壊したばかりの一九九〇年代には、ロシアの多くの人びとが自国の外交はソ連のそれと大きく異なるはずだと考え、さまざまな外交政策論を展開し、試行錯誤を繰り返していた。本書はそうした状況を同時代的に追いながら、ロシア外交を捉えようとした論文によって構成されている。収録されている私の論文は、ロシアの国境観の変化という問題を扱っている。その他の執筆者による章は、対外政策のイデオロギーや中ロ国境交渉の状況、ロシアと中欧の親ロ国家（スロヴァキア）との関係など、ロシアの対外政策を考えるうえで興味深い側面を検討している。

3　G・アリソン〔宮里政玄訳〕『決定の本質』（中央公論新社、一九七七）。本書はキューバ危機を題材に、対外政策の決定という問題を考察した古典的著作である。すでに本書のキューバ危機についての記述そのものは、歴史学的にはほとんど意味を失った。新しい史料に基づく歴史研究が進んでいるからである。にもかかわらず本書が読者を惹きつけるのは、対外政策の決定とは如何なることを意味するのか考えさせるからである。本書は現代ロシア論に限られない射程を持つが、あえてここに挙げておきたい。

4　木村汎編『国際交渉学』（勁草書房、一九九八）。本書もロシアの対外政策そのものを扱っているわけではない。交渉、特に対外政策の中の外交交渉を多様な観点から分析し、それを比較する論文を集めている。ただし執筆者の中に、編者も含め、ロシアの対外政策に強い関心を持つ研究者がかなり加わっているために、ロシアの対外政策についての論文が多数含まれている。**1**と**2**で述べた対外政策の研究の枠組みを考えるときに参考になると思う。文章は短いものが多く、概して読みやすい。

5　田畑伸一郎・末澤恵美編『CIS－旧ソ連空間の再構成』（国際書院、二〇〇四）。本文の記述ではCIS（独立国家共同体）の成立に触れただけで、その後の経緯は割愛せざるを得なかったが、ロシア政府にとっても、また国民にとっても、自国以外の旧ソ連地域で起こっていることはつねに最大の関心事である。本書はこの欠落部分を補ってくれる。個々のCIS諸国の動向のみならず、集団安保体制や経済関係等々、旧ソ連から独立した諸国とロシアの関係についても丁寧な説明が付与されており、こうした問題に関心を持つ者に有益である。

6 J・ベーカー〔仙名紀訳〕『シャトル外交　激動の四年』上下巻（新潮文庫、一九九七）。

7 Z・ブレジンスキー〔山岡洋一訳〕『地政学で世界を読む』（日経ビジネス人文庫、二〇〇三）。

8 H・キッシンジャー〔岡崎久彦監訳〕『外交』（日本経済新聞社、一九九六）。アメリカの対外活動や指導者の考え方は、世界の情勢にひじょうに大きな影響を与える。好むと好まざるとにかかわらず、この点に注意しないと現実の政治過程がみえなくなる。この点は、アメリカに対する対抗意識の強いロシアの対外政策を考える際には特に重要である。**6**の本はブッシュ（父）大統領時代（一九八九－九二）に国務長官として活躍した人物の回想である。また、**7**と**8**はアメリカの代表的な外交戦略家の外交論である。三人とも外交のイデオロギー的粉飾にとらわれないリアリストであるが、少しずつロシアを見る眼が異なる点が興味深い。ベーカーは、この回想の中で、アメリカ政府がゴルバチョフ期のソ連との協力に国際政治の新しい枠組みをみていたことを隠さずに書いている。これに対してブレジンスキーは、アメリカの長期的戦略を考えつつ、ロシアを突き放して論じている。彼の著作では、ロシアはアメリカにとって潜在的脅威になりうる存在として規定される。最後にキッシンジャーは、ロシアが将来潜在的脅威となりうるとみている点ではブレジンスキーと同じだが、アメリカとロシアが現実的な利害に基づいて協議することを重視している。三冊とも、以上の他にもロシアの対外政策を考えるうえで有益な情報を多々含んでいる。

9 J・ギャディス〔赤木完爾・齊藤祐介訳〕『歴史としての冷戦』（慶應義塾大学出版会、二〇〇四）。アメリカにおける冷戦研究の代表的著作で、アメリカの多くの研究者と同様に、冷戦をもっぱらアメリカとソ連（ロシア）の関係としてみている。本書のもっとも大きな特徴は、スターリンの特異な安全保障観に冷戦の根源をみている点にある。アメリカについての分析は弱いが、代表的な冷戦論として無視できない。

10 松井弘明編『9・11事件以後のロシア外交の新展開』（日本国際問題研究所、二〇〇三）。

11 山内聡彦『ドキュメント・プーチンのロシア』（NHK出版、二〇〇三）。9・11事件はアメリカの内外政策ばかりかロシアの内外政策にも大きな影響を与えたが、上記二冊の本は、この点を解明するために日本で書かれた本の中で代表的なものである。**10**の本の基本的テーマは、9・11事件によってロシアが得たものと失ったもののバランスである。ここに収められた論文は全体として、ロシア外交はプーチン大統領の下で大国主義的側面を弱めて現実化しており、その分だけ9・11事件を通して得たものが多かったと評価している。実利を得た側面が強いというのである。**11**の本は、前半部分ではプーチンの登場と内政を扱い、後半部分でその外交スタイルを分析している。ジャーナリストらしく、要路の人物のインタビューによって9・11事件後のロシアの対応を再現しており、興味深い。ここから浮かび上がってくるのは、トップダウンの政策スタイルによって、軍部や保守派の反対を押し切って対米協調政策を進める指導者である。もちろんこれとは異なるプーチン像を描く研究もあるが、まず概観を得るのに便利である。

12 ドミトリー・トレーニン〔河東哲夫・湯浅剛・小泉悠訳〕『ロシア新戦略』（作品社、二〇一二）。著者はカーネギー財団モスクワ・センター長として、ロシア事情を世界に発信する著名なロシア・ウオッチャー。著者も含めた同センターの研究員は、インターネットで随時にロシア語と英語でタイムリーなロシア評論を発表している。本書は、ソ連は帝国だったと規定し、その崩壊後の変化をロシアの内側に身を置きながら描き出している。

13 ロドリク・ブレースウェート〔河野純治訳〕『アフガン侵攻一九七九－八九――ソ連の軍事介入と撤退』（白水社、二〇一三）。著者はイギリスの駐ロ大使も務めた元外交官だが、その筆致は史料に即してソ連指導部の行動を克明に描き出そうとする現代史家を思わせる。各所で当時流布されていた多くのウソ（神話）を暴いており、国際的大事件をめぐるニュースの危うさを教えてくれる。しかし、本書で何よりも貴重なのは、アフガン侵攻の時のソ連の対外政策の決定過程を分かりやすく記述している点である。

14 松本俊一『モスクワにかける虹』（朝日新聞社、一九六六）。この本こそ図書館にいかないと手に入らないが、ロシアの対外関係に興味を持つ人には必ず読んでほしい。というのも、日本におけるロシアの対外政策研究では日ロ間の国境画定問題を扱うものがもっとも多く、そうした文献は、まずこの本を読んでから読むべきだと考えるからである。著者は、第二次世界大戦後の国交回復交渉に参加した当事者として、当時の議論や日本の状況をひじょうに率直に回想している。

15 佐藤和雄・駒木明義『検証日露首脳交渉』（岩波書店、二〇〇三）。外交交渉と言えば、当然交渉国間の外交的駆け引きに目が集まるが、交渉を取り巻く両国内政も重要な研究テーマである。本書は前者よりも後者を中心に議論している。できれば、外交交渉と日本国内の動きに絞って議論してほしかったが、それは難しいらしく、ロシア側についても言及している。この点は本書の内容を中途半端にしているが、それでも、一九九〇年代末から二〇〇二年までの時期に日本国内で対ロ政策をめぐって生じた大きな混乱と交渉との関わりについて、比較的充実した記述となっている。

さらに余裕があれば、以下の二〇冊の本を薦める。秋月俊幸『日露関係とサハリン島』（筑摩書房、一九九四）、H・アーレント（大島通義・大久保和郎・大島かおり訳）『全体主義の起原』一、二、三巻（みすず書房、一九七二〜一九七四）、石井規衛『文明としてのソ連』（山川出版社、一九九五）、E・H・カー（宇高基輔他、及び原田三郎、田中菊次、服部文男訳）『ボリシェヴィキ革命』一、二、三巻（みすず書房、一九六七〜七三）、E・H・カー（南塚信吾訳）『一国社会主義』一、二巻（みすず書房、一九七四、一九七七）、H・カレール＝ダンコース（高橋武智訳）『崩壊した帝国』（新評論、一九八一）、A・クックス（岩崎俊夫訳・吉本晋一郎訳）『ノモンハン』一〜四巻（朝日文庫、一九九四）、栗生沢猛夫『ボリス・ゴドノフと偽のドミトリー』（山川出版社、一九九七）、塩川伸明『民族と言語』（岩波書店、二〇〇四）、A・シェフチェンコ（読売新聞外報部訳）『モスクワとの訣別』（読売新聞社、一九八五）、鈴木健夫『近代ロシアと農村共同体』（創文社、二〇〇四）、A・ソルジェニーツィン（木村浩訳）『収容所群島』一〜六巻（新潮文庫）、高田和夫『近代ロシア社会史研究』（山川出版社、二〇〇四）、高橋一彦『帝政ロシア司法制度史研究』（名古屋大学出版会、二〇〇一）、袴田茂樹『ソ連―誤解をとく25の視角』（中公新書、一九八七）、P・パスカル（川崎浹訳）『ロシア・ルネサンス』（みすず書房、一九八〇）、M・メイリア（白須英子訳）『ソヴィエトの悲劇』上下巻（草思社、一九九七）、森安達也『近代国家とキリスト教』（平凡社ライブラリー、二〇〇二）、M・レヴィン（荒田洋訳）『歴史としてのゴルバチョフ』（平凡社、一九八八）、和田春樹『ニコライ・ラッセル』上下巻（中央公論新社、一九七三）。

【な行】

【は行】

【ま行】

【や行】

【ら行】

総合索引

【あ行】

【か行】

【さ行】

【た行】

図版出典一覧

3ページ　**クリュチェフスキー**　ロシア・ノーボスチ通信社

4ページ　**ロシアの地勢**　和田春樹編『新版　世界各国史22　ロシア史』山川出版社、2002年

14ページ　**19世紀末の農民**　Отечественная история, т. 3, (Москва: Большая российская энциклопедия, 2000)

17ページ　**ピョートル大帝**　ロシア・ノーボスチ通信社

18ページ　**18世紀初頭のサンクトペテルブルク**　E. B. Анисимов, Россия в середине XVIII века, (Москва: Мысль, 1986)

22ページ　**1917年当時のモスクワ、子供の描いた革命の姿**　国立歴史博物館所蔵　Энциклопедия, Великая октябрьская социалистическая революция, (Москва: Советская энциклопедия, 1987)

25ページ　**スターリン**　共同通信社

30ページ　**フルシチョフとブレジネフ**　ロシア・ノーボスチ通信社

35ページ　**ブッシュ（父）大統領を迎えるゴルバチョフとエリツィン**　ロシア・ノーボスチ通信社

横手　慎二（よこて　しんじ）
慶應義塾大学名誉教授
専門分野：ロシア政治外交史
略　　歴：1950年生まれ。東京大学大学院社会学研究科国際関係専攻博士課程（1981年単位取得退学）。
主要著作：『スターリン――「非道の独裁者」の実像』中央公論新社、2014年。『日露戦争史――20世紀最初の大国間戦争』中央公論新社、2005年。『ロシアの政治と外交』放送大学教育振興会、2015年。『東アジアのロシア（現代東アジアと日本）』（編著）慶應義塾大学出版会、2004年。『ロシアの市民意識と政治（叢書・21COE-CCC多文化世界における市民意識の動態）』（編著）慶應義塾大学出版会、2008年。

現代ロシア政治入門　第2版

2005年5月20日　初　版第1刷発行
2016年5月25日　第2版第1刷発行

著　者――――横手慎二
発行者――――古屋正博
発行所――――慶應義塾大学出版会株式会社
〒108-8346 東京都港区三田2-19-30
TEL〔編集部〕03-3451-0931
〔営業部〕03-3451-3584〈ご注文〉
〃　03-3451-6926
FAX〔営業部〕03-3451-3122
振替00190-8-155497
http://www.keio-up.co.jp/
装　丁――――桂川　潤
印刷・製本――奥村印刷株式会社
カバー印刷――株式会社太平印刷社

©2016 Shinji Yokote
Printed in Japan　ISBN 978-4-7664-2346-4